통일국가 수립을 위해 분투한 독립운동가
김순애

통일국가 수립을 위해
분투한 독립운동가
김순애

| 김성은 지음 |

독립운동가 열전 시리즈 '김순애' 편의 출간을 앞두고 오랜 숙제를 끝낸 듯 하여 홀가분한 마음이다. 그동안 잘 알려지지 않았던 여성 독립운동과 '여성 독립운동가'를 세상에 알려 '역사 대중화'에 일조했다는 데 뿌듯함을 느낀다.

필자는 대학원에 다니며 한국 근대를 만들어갔던 여성 주체에 대해 더욱 구체적으로 관심을 가지기 시작했다. 당시 역사학계의 근대여성사 연구는 시작 단계여서 여성단체조직 연구가 거의 전부였고, 학계에서 간간히 입에 오르내리는 개별 여성은 신여성 몇 명 정도였다. 그나마 피상적 이미지였고, 실체에 대한 연구는 거의 찾아보기 어려웠다. 그렇기 때문에 더더욱 한 사람 한 사람 접근해가는 작업이 필요하다고 생각했다.

여성사 연구가 학문적으로 의미가 있을까, 과연 인정받을 수 있을까 회의에 빠지기도 했다. 역사학계에서 여성사 연구는 소외된 분야이기 때문이다. 여성사 연구의 어려움은 자료 부족에 있기도 하다. 게다가 한국 근대는 적지 않은 기간 식민지 시기였기에 이름이 알려져 있고 자료가 남아 있는 여러 여성들이 친일 문제에서 자유로울 수 없었다. 그렇다고 아예 관심 밖에 둘 분야도 아니다. 연구의 확대를 위해서는 공과를 공정하게 평가할 수 있는 기초 작업을 통한 전면적 접근이 필요하다.

박사학위논문을 준비하며 한걸음씩 개별 여성 연구를 진행해나가면서 관련 자료를 찾아보았다. 누군가는 해야 하는 중요한 작업이라고 생각했기 때문이다. 사장되어 있던 자료를 찾을 때마다 큰 보람을 느꼈다. 덕분에 일제 식민지 시기 항일운동과 민족운동·여성운동을 이끌며, 여성단체를 조직하고 활동했던 개별 여성들의 면면을 어느 정도 밝힐 수 있었다.

여성들의 단체 조직과 개별 인물을 입체적으로 복원해가는 과정에서 가장 문제는 자료 부족이다. 글이나 활동 기록이 남아 있는 이들을 위주로 연구를 진행할 수밖에 없기에 한계에 부딪히기도 한다. 자료가 충분히 확보되지 않으면 논문이나 책을 구성하기 어렵다는 문제가 있다. 이름이라도 남아 있으니 다행인 경우도 허다하다. 일제 식민지 시기 민족독립과 여성 해방을 위해 치열하게 활동했던 선각자들의 모습이 점점 희미해져 가고 있는 지금, 조각보라도 열심히 만들어야 한다는 생각이다.

서강대학교 박사학위과정 첫 수업 주제가 독립운동이었다. 필자는 당시 첫 발표 주제를 대한민국임시정부 시기 여성 독립운동 연구로 잡았다. 국사편찬위원회의 사료 수집과 전산화 시스템 덕분에 비교적 짧은 시간에 논문 쓸 자료를 확보할 수 있었다. 정정화 회고록, 양우조·최선화 일기, 백범일지(김구 일기), 인터뷰 자료를 읽고 또 읽으며 그분들의 생생한 목소리를 들을 수 있었다. 그때 멀게만 느껴졌던 이들이 눈앞에서 부활하는 놀라운 체험을 했다.

이번 열전의 주인공 김순애는 해외 독립운동, 중국 관내 독립운동, 대한민국임시정부 지지 및 후원 활동을 대표하는 여성 독립운동가이다. 중국에 망명하여 신한청년당의 일원이 되었고, 국내에 잠입하여 여성 동지들을 만나 3·1만세시위를 촉구했다. 상하이와 충칭에서 대한민국임시정부를 지지하고 후원하는 여성독립운동단체(대한애국부인회와 한국애국부인회)를 조직하고 이끌기도 했다. 이 외에도 수많은 조직에 참여하여 민족 해방과 독립 국가 건설을 위해 대한민국임시정부를 지지하고 후원하는 활동을 계속해나갔다.

해방 후 귀국해서는 정치 활동에 나섰다. 무엇보다 남북한 통일정부로 구성된 독립국가 수립을 염원했고, 이를 위해 남편 김규식에게 남북회담을 위한 북행을 적극 권유했다. 그러나 북한군의 남침과 6·25전쟁, 김규식의 납북과 객사, 김순애 자신도 총살장으로 끌려가다 구사일생으로 탈출하는 등 일련의 험한 일을 겪게 되면서, 하나 된 독립 국가를 이루고자 했던 꿈이 깨어지고 만다. 그래도 언젠가는 김순애의 꿈이 이루어질 날이 꼭 올 것이라 믿는다.

학문의 길로 이끌어주시고 격려해주신 최기영 선생님, 방만한 글을 잘 정리해주신 박민영 선생님, 믿고 맡겨주신 김도형 선생님, 사진 찾느라 고생하신 선우애림 선생님에게 깊이 감사드린다. 열전 시리즈를 기획하고 한자락 집필 기회를 주신 독립기념관, 좋은 책을 잘 만들어주신 역사공간, 관심을 기울여주시는 독자 여러분에게도 감사의 말씀을 전하고 싶다. 글이 살아 있으려면 독자의 관심이 필요하다. 책에 생명을 불어넣어주는 주체이기 때문이다. 독자가 읽어주지 않는다면 책은 박제 장식품에 불과한 것이다. 열전 시리즈가 오래도록 독자들의 마음에 울림을 주었으면 좋겠다.

사실 이 책의 출판을 가장 기뻐하실 분은 필자의 아버지·어머니이시다. 두 분 모두 독립운동가 김순애 열전의 열렬한 예비 독자이시다. 늘 따뜻하게 지지해주시는 두 분께 깊이 감사를 드린다.

대한 독립을 위해 헌신하신 분들의 삶을 생각해보면, 한치 앞도 보이지 않고 언제 걷힐지도 알 수 없는 짙은 안개 속을 헤매며 주저앉고 싶을 때가 너무나 많았으리라 짐작된다. 그러한 어려움을 견디며 더딜지라도 올바른 길로 한발 한발 우직하게 나아갔던 독립운동가의 발자취와 치열한 삶에 경의를 표하고 싶다. 3·1운동 100주년, 대한민국임시정부 수립 100주년을 앞두고 있는 지금 더욱 그분들의 삶과 고난과 열정이 더 뜻깊게 다가온다.

2018년 12월
김성은

황해도 장연
소래마을에서 태어나다

김순애는 1889년 5월 12일 황해도 장연군 대구면 송천리에서 아버지 김
성섬과 어머니 안성은 사이에서 태어났다. 아버지 김성섬은 첫째 부인
사이에서 윤방·윤오·윤렬 세 아들과 딸 하나를 두었으나 딸은 태어난
지 얼마 되지 않아 세상을 떠났다. 첫 번째 부인의 사망 후 김성섬은 순
흥안씨 안성은과 결혼해 아들 필순, 딸 구례·노득, 아들 인순, 딸 순애·
필례를 두었다. 그러므로 김순애는 9남매 중 여덟째였다. 김순애의 집안
은 증조부 대에 낙향해 황해도 장연군 송천에 자리 잡았다. 가축 사육과
황무지 개간으로 큰 부자가 되었고 김순애의 아버지 대에 이르러서는
만석꾼이 되었다.

　김순애의 관향은 광산이며, 서울에서 대대로 명성이 자자한 명문거족
집안으로 증조부는 참판 벼슬까지 올랐다. 증조부는 한말, 조정이 부패
하여 매관매직, 참소, 귀양 보내기에 정신이 팔려 도탄에 빠진 백성들의

김순애 가계도

생활을 돌보지 않는 데 깊은 회의를 느끼고, 삼형제와 의논해 가산을 정리하고 시골에 내려가 농사를 짓기로 했다. 이렇게 해서 김순애의 증조부가 정착하게 된 곳이 황해도 장연군 대구면 송천리, 일명 소래마을이었다. 소래마을은 불타산을 병풍 삼아 앞으로 부채꼴 모양의 넓은 들판이 펼쳐져 있었고, 들판이 끝난 곳에 해변이 보인다. 해변의 모래는 은가루를 뿌린 듯 빛나고 진홍빛 해당화는 해변을 따라 피어나 있었다고 한다. 구미포라고 불린 이 포구는 서양 선교사들의 여름철 휴양지로 널리 이용되기도 했다.

소래마을로 낙향한 김순애의 증조부는 불타산 앞의 부채꼴 모양의 버려져 있던 들판을 모두 사들였다. 그리고 원래부터 소래마을에 터를 잡고 살던 사람들과 이웃 마을 사람들을 일꾼으로 사들여 1여 년 동안 개간 작업을 했고, 그 결과 척박한 부채꼴 모양의 들판은 1년 만에 비옥한 땅으로 바뀌었다. 소래마을 사람 거의 대부분이 서울에서 이주해 온 광산김씨의 소작인이 되었다. 또한 증조부의 비복婢僕들이 낳은 자녀들이 집안과 마을의 일꾼으로 성장했다. 비복의 자녀들이 15세가 되면 짝을 지어주어 김씨의 집안일을 돌보게 했고, 그 부모는 집안일에서 벗어나 소작인이 되어 집을 나가 살도록 했다. 이렇게 하여 소래마을은 김순애의 증조부를 중심으로한 집안 사람처럼 모여 살게 되었다.

　김순애의 조부는 매우 검소하고 근면하여 물려받은 재산을 많이 증식시켰다. 김순애의 아버지 역시 그러한 정신을 그대로 물려받았다. 김순애의 형제자매 가운데 첫째 오빠 김윤방은 아홉 살 때 열여덟 살의 신부와 결혼했다. 김순애의 아버지가 며느리의 봉양을 일찍부터 받고 싶어 했기 때문이었다. 김윤방은 김함라·김미렴·김마리아 딸 셋을 낳고 일찍 세상을 떠났다. 김마리아는 3·1독립운동 및 대한민국애국부인회 회장으로 활동하다가 체포되어 고문과 옥고에 골병이 들어 죽을 지경에까지 이르렀다. 병보석으로 가석방되어 치료를 받던 중 주위 사람들의 도움으로 상하이로 탈출했고, 중국에 머무르다 미국으로 건너갔다.

　김순애의 둘째 오빠 김윤오는 서울로 이주해 형제들이 공동출자한 자금으로 '김형제상회'를 설립하고 경영을 맡았다. 설립 초기 하와이에 우리나라 인삼을 수출하여 수익을 올렸다. 그러나 장사를 해본 경험이 없는데다 믿고 일을 맡겼던 지배인이 자기 잇속만 차리는 바람에 경영 상태가 악화되어 사업에 실패했다. 이후 김순애의 오빠들은 다시 얼마씩 출자해 용산에 제재소를 차려 운영했다.

셋째 오빠 김윤렬은 어릴 때부터 학문이 뛰어나 아버지에게서 많은 기대와 사랑을 받았다. 그는 이러한 아버지의 기대에 보답하듯이 과거에 장원급제했지만, 집으로 돌아오는 길에 장티푸스에 걸려 객사했다. 김순애의 아버지는 이 일로 화병을 얻어 김윤렬이 죽은 지 1년 만에 세상을 떠났다.

넷째 오빠인 김필순은 호러스 언더우드Horace Grant Underwood 선교사와의 인연으로 서울에 올라와서 배재학당, 제중원 의학교를 졸업하고 제중원에서 선교의사 올리버 에비슨Oliver R. Avison 박사의 통역으로 일하며 의술을 배워 의사가 되었다. 그렇게 세브란스병원에서 의사로 근무하다가 105인 사건에 연루되어 수배를 받던 중 중국으로 피신했다. 중국 헤이룽장성黑龍江省 치치하얼齊齊哈爾에서 이상촌 건설을 시도하다가 콜레라에 걸려 병사했다. 원래 어머니 안성은은 김필순의 서울 유학을 극력 반대했었다. 당시 양가집 자제들이 신식 학문을 공부한다고 서울에 가서 공부는 하지 않고 기생의 꾐에 빠져 방탕한 생활을 하는 경우가 많아 걱정이 앞섰기 때문이었다. 그러다 선교사 언더우드 박사에게 김필순을 자기 집에 두고 책임지고 공부시키겠다는 다짐을 받고서야 서울 유학을 허락해 주었다.

다섯째 김구례는 김순애의 언니로 나중에 독립운동가 서병호와 결혼했다. 서병호는 김구례와 같은 황해도 장연 소래마을 출신으로, 중국에 망명하여 상하이에서 신한청년당을 조직하는 등 독립운동을 전개했다. 서병

김순애 가족사진
왼쪽부터 김필순·김순애·정경순(김필순의 부인)·안성은·김필례 순이다.

호의 아버지 서경조는 소래마을에 이주하여 기독교를 전하고 한국역사상 첫 교회를 설립한 목사가 되었다. 서병호의 백부 서상륜은 최초로 성경을 우리말로 번역한 사람 가운데 한 명으로 교회 장로가 되었다.

서상륜·서경조 형제는 의주 출생으로 1878년 청나라 영구에 들어가 영국계 미국인 조나단 헌트Jonathan H. Hunt(한국명 하문덕)의 조선어 교사 이익세, 영국인 목사 존 매킨타이어John MacIntyre(한국명 마근태)의 조선어 교사 이응찬, 성경을 번역하는 최성균을 만났다. 서경조는 이들의 인도를 받아 주일에 매킨타이어 목사의 집에서 예배를 드렸는데 이 자리에는 청나라 사람도 몇 명 있었다. 서경조가 보기에 보통 청나라 사람이라고 하면 성격이 교만하고 포악한 줄 알았는데 여기서 만난 사람들은 겸손하고 친절했다. 이를 계기로 서경조는 마음속으로 예수를 믿는 사람은 다른 점이 있음을 느끼고 기독교에 관심을 갖게 되었다고 한다. 이후 기독교에 관심을 가지고 살기 적당한 곳을 찾다가 의주에서 소래마을로 이주했다.

한편 서상륜은 청나라 심양에서 세례를 받고 돌아와 기독교 전교에 힘썼다. 1885년 즈음 서울에 머물며 선교사 언더우드 목사와 가까워졌으며, 소래마을에 살고 있던 동생 서경조를 서울로 불러 언더우드에게 세례를 받도록 했다. 1885년 3월 언더우드는 서상륜·서경조의 안내로 소래마을로 내려가 자생적으로 형성되어 성장하고 있던 한국기독교인의 집단 거주지를 직접 눈으로 확인했다. 이때 서경조의 아들 서병호는 태어난 지 세 달 된 아기였는데 언더우드에게 유아세례를 받았다.

언니 김구례는 서병호와 교회에서 신식으로 혼례를 올렸고 결혼 후 바로 시가로 들어가 시집살이를 했다. 바느질과 차 끓이는 솜씨가 뛰어났다고 한다. 서재현·서옥윤 등의 자녀를 두었지만, 남편 서병호가 난징南京 진링대학金陵大學에서 수학하느라 떨어져 살았다. 김순애의 가족들이 모두 서울로 올라와 거주할 무렵 김구례도 아이들을 데리고 서울로 올라왔다. 친정 가족과 함께 정신여학교 사택에서 살면서 가계에 보탬이 되기 위해 쉬지 않고 일했다. 바느질품을 팔았고, 전매청에서 궐련갑 붙이는 일거리를 받아와서 새벽 두 시가 넘도록 작업하고 다음 날 아침에 가져다주는 일도 했다. 춥고 배고프던 시절이었지만 그래도 희망을 가지고 열심히 살았다.

여섯째 김노득은 양응수 목사와 결혼했다. 일곱째는 김인순으로 소래 마을에서 서울로 올라와 경신학교에 다녔는데 여름철 한강에 물놀이 갔다가 물에 빠진 친구를 구하려다 자신도 익사하고 말았다. 여덟째가 김순애이고 아홉째가 김필례다.

소래교회와 소래학교에서
신학문을 배우다

1894년, 동학농민운동으로 동학군과 관군의 접전이 벌어지는 한편 청일전쟁으로 일본군이 우리 땅에 진주하자 피난처를 찾아 사람들이 소래마을로 몰려들었다. 소래마을에 모여든 이들은 자연스럽게 예배에 참여하게 되었다. 평소 서경조의 집 사랑방을 예배 장소로 사용했는데 교인 수가 갑자기 80명으로 늘어나 예배당을 지어야 할 필요성이 생겼다. 이렇게 우리나라 최초의 개신교 교회인 소래교회를 세우는 일이 시작되었다. 소래교회는 1895년 여덟 칸 기와집으로 완성되었다. 선교사 언더우드 목사가 소래마을에 내려와 교인들의 직분을 정해주었다. 서경조는 장로가 김윤오는 집사가 되었다.

당시 소래교회에서는 남녀유별의 내외법을 지키느라 남녀가 따로 앉아 사이에 휘장을 치고 예배를 드렸다. 크리스마스가 되면 마을사람들은 전나무에 색등을 달고 아기 예수의 탄생을 기뻐했다.

우리나라 최초의 개신교 교회인 소래교회 전경

소래마을 사람들은 마을을 방문한 서양 선교사들의 설교를 들으며, 앞으로 아이들이 살아갈 세상에서는 신학문을 배워야 한다는 사실을 깨닫기 시작했다. 이러한 깨달음이 결실을 맺어 1897년 소래마을에 학교가 설립되었다. 소래마을에 학교를 세우는 일은 김순애의 오빠 김윤방과 김윤오, 그리고 나중에 사돈이 될 서상륜과 서경조(김순애의 언니 김구례의 시아버지)를 중심으로 추진되었다.

우선 교회학교 형식으로 소래교회에 학교를 병설하여 소래학교라고 했다. 나중에는 해서제일학교로 이름을 바꾸었고 얼마 뒤 4년제 보통학교로 인가받았다. 처음 개교할 당시 이국보가 교사로 재직했고, 김순애의 큰 오빠인 김윤방은 딸 김함라·김미렴·김마리아를 이 학교에 보내 신학문을 배우게 했다. 김순애의 여동생 김필례, 서경조의 아들 서병호 도 이 학교에서 배웠다. 이 학교에서 가르쳤던 교과목은 한글, 성경 도 설, 구약 발췌, 천자문, 습자, 작문 등이었다.

어머니 안성은,
여성들에게 기독교를 전파하다

서울에 유학하여 배재학당에 진학한 김필순이 첫 여름방학을 맞아 소래
마을에 돌아왔을 때의 일이다. 당시 김순애의 가족은 어머니를 제외하고
는 모든 가족이 기독교인이었다. 어머니만 기독교 신앙을 받아들이지 않
고 있었다. 김필순이 생각하기에 충격적인 계기가 없이는 어머니에게 기
독교를 전할 수 없다고 판단하고 꾀를 내었다. 어머니가 외출해서 집에
안 계신 동안 대청마루 위의 시렁에 올려져 있던 여러 개의 작은 고리짝
을 내려서는 그 속에 들어 있던 옷가지들을 모두 불태워버렸다.

　집에 돌아온 어머니는 여러 날 식음을 전폐하고 몸져 누운 채 조상을
볼 낯이 없다며 죄스러워했다. 가족들이 어머니에게 용서해달라고 비는
한편, 기독교를 전하며 어머니를 설득하려고 했지만 소용이 없었다. 그
러던 어느 날 마침내 어머니는 "조상을 불 지르도록 내버려둔 죄인이 조
상 볼 낯이 있겠냐, 이제는 의지할 데라고는 하나님밖에 남지 않았다"며

기독교인이 되어 하나님을 믿고 따르기로 결심했다.

세례를 받은 다음에는 이제까지 쓰던 순흥안씨라는 호칭 대신에 성스러운 은혜라는 뜻으로 안성은女聖恩이라는 이름을 쓰기 시작했다. 안성은은 집안 가족들 가운데 가장 늦게 기독교인이 되었지만 신앙심이 제일 깊었다. 선교사들이 개설한 성경반(매년 1개월 동안 개설)에 제일 먼저 등록해 교육을 받았으며, 시험을 통과한 후 1898년 1월 제1회 졸업생이 되었다. 그리고 집 옆에 방 하나, 부엌 하나, 마루 하나 갖추어진 초가를 새로 지어 '기도하는 집'이라고 이름 짓고 틈 날 때마다 기도를 드렸다. 김순애를 비롯한 가족들도 어머니를 따라 기도하는 집에서 자주 기도했다.

일요일마다 어머니 안성은은 전도사와 함께 심방을 다녔는데 하루는 마을에 심방을 나갔다가 갓난아기를 안고 들어왔다. 마을에서 구들을 놓아주며 먹고사는 사람의 아내가 쌍둥이를 낳다가 죽었고, 쌍둥이 가운데 한 아이는 죽었다고 한다. 그런데 그 남편이 살아 있는 아기를 죽은 아기와 산모와 함께 산 채로 묻어버리려는 것을 보고는 아기를 자기에게 맡겨달라고 해서 데려왔다는 것이었다. 강보에 쌓인 아이는 숨 쉬는 것조차 힘에 겨워했다. 무엇보다 아이에게 줄 모유가 없으니 유모를 구하는 일이 시급했다.

안성은이 데려온 아기의 유모를 구하지 못해 애태우자, 아이를 가진 마을의 젊은 부인들이 젖을 먹여주겠다고 나섰다. 안성은은 이들에게 순번을 정해 돌아가면서 아기에게 젖을 먹이도록 했다. 젊은 부인들이 정해놓은 순번을 잊어버리고 젖을 먹이러 오지 않으면, 어머니 안성은과 김순애가 번갈아 아이를 업고 다니며 젖을 얻어 먹였다. 어머니 안성은은 젖을 먹여주는 부인들이 고마워 집으로 한꺼번에 초대해 미역국을 끓여주기도 했다. 그러나 이런 정성도 헛되이 아이는 네 살 나던 해 이질에 걸려 세상을 떠났다.

어머니 안성은은 믿음이 깊어질수록 기독교 전도에도 열심이었다. 전도하지 않으면 큰 죄가 된다고 믿었기 때문이다. 전도부인이 되어 여선교사 조지아나 화이팅Georgiana Whiting 의사와 함께 미국 북장로교회 관할 구역이던 황해도 전역을 걸어 다니며 10년간 전도에 헌신했다. 전도여행은 주로 농한기인 겨울에 이루어졌다. 가을에 접어들면 전도여행에 나서기 위한 준비를 시작하여, 농사일 마무리, 김장, 엿 고기 등을 서둘렀다. 겨울이 되면 외숙에게 집안일을 부탁하고 떠났다. 겨울에 다닌 전도여행이었기에 발이 얼고 동상에 걸리는 등 그 고생이 이루 말할 수 없었다. 화이팅 선교사가 남장로교회 소속의 선교사 클레멘트 오웬Clement C. Owen 목사와 결혼해 전라도 광주로 내려가게 되자, 자신도 광주로 내려갔다. 광주에서 집을 얻고 화이팅 선교사가 주는 월급을 받으며 전도에 힘썼다. 또한 이 마을 저 마을 찾아다니며 집안에 있는 여성들에게 기독교를 전파하여, 기독교 도입 초기 교세 확장에 기여했다.

서울 연동여학교에서
학업을 쌓다

김순애의 오빠 김필순은 서울로 유학 가서 배재학당과 제중원 의학교를 졸업하고 제중원 병원에서 의사로 일했다. 그런데 제중원에 입원 환자가 늘면서 환자의 식사를 해결하는 일이 시급한 문제로 떠올랐다. 김필순은 자신의 어머니와 아내가 맡아서 잘해낼 것이라고 보고 어머니에게 연락해 소래마을에 살고 있던 가족 모두 서울로 올라오도록 했다. 어머니 안성은은 서울로 이사 가기로 결정하고 가산을 모두 정리했다. 김인순·김순애·김필례, 김필순의 아내, 김순애의 어머니는 소달구지에 이삿짐을 싣고 장연을 거쳐 해주로 나왔고 해주에서 다시 용당포까지 가서 배를 타고 인천으로 건너갔다. 그리고 인천에서 서울까지 경인선 기차를 타고 서울에 도착하여 이삿짐을 풀었다.

가족들이 서울에 정착한 후 김순애와 김필례는 1901년 연동여학교에 입학했다. 김순애로서는 처음으로 학교에 입학하여 공부하게 된 것이었다. 김순애의 큰 오빠인 김윤방의 딸 김함라는 이미 연동여학교에 다니고 있었다. 연동여학교는 1887년 미국 북장로회 여선교사 애니 엘러스Annie J. Ellers가 여아의 교육을 위해 정동 제중원 사택에 정동여학당을 설립하면서 시작되었다. 1890년 수잔 도티Susan B. Doty가 교장을 맡으면서 미국 선교본부와 한국 사회에 학교가 알려지기 시작했다. 1895년 종로 연지동(당시 지명은 연못골)으로 이사하면서 학교 이름도 정동여학당에서 연동여학교로 고쳤다.

김순애와 김필례는 도티가 교장으로 있을 때 연동여학교에 입학했다. 당시까지만 해도 학년제가 분명하지 않은 상태였고, 무료로 학생들을 가르치고 먹이고 입혀주었다. 학생들의 식사를 돌봐주는 보모까지 있었다. 그런데 김순애의 오빠 김필순은 외국인이 세운 학교에 무료로 다니는 것이 우리 민족의 긍지와 자부심을 깎아내리는 일이라고 생각해 "우리는 거지가 아니오. 우리도 학비와 식비를 부담할 능력이 있소"라며 학비와 식비를 내겠다고 제안했다. 그리고 학교 당국과 협의해 김순애·김필례·김함라의 학비와 식비를 한 사람당 80전씩 내기로 했다. 김순애·김필례·김함라는 연동여학교 설립 이래 최초로 학비를 내고 배운 학생들이었다.

이들이 연동여학교를 다니면서 배운 과목은 성경·한문·역사·지리·산술·습자·체조·음악·가사·침공 등이었다. 성경은 학교가 가장 중요시한 과목으로 선교사들이 직접 맡아서 가르쳤다. 단순히 성경을 배우고 읽게 하는 데 그치지 않고 매일 한 장씩 외우게 해서 신약 전권을 외우도록 했다. 한문은 성경 다음으로 중요시한 과목으로 김원근 교사가 가르쳤다. 한문 교본으로는 선교사 제임스 게일James S. Gale(한국명 기일)박사와 이창직이 저술한 『유몽천자』를 사용했다. 한 권에 한자 1,000자씩 넣어 만든 교본으로 1~4권으로 되어 있었다. 4권을 다 배우면 한자 4,000자를 익힐 수 있었다.

김원근은 한문만 가르친 것이 아니라 기울어가는 나라의 운명을 안타까워하며 학생들에게 민족정기를 일깨워주었다. 지리는 『사미필지』, 산수는 『산학신편』을 가지고 배웠다. 역사·체조·음악·가사·침공은 교과서가 따로 없었다. 가사와 침공은 신마리아 교사가 가르쳤다. 신마리아는 원래 이름이 김마리아로, 동생이 의사 김점동(결혼 후 남편 성을 따라 박에스더), 간호사 김배세이다. 박에스더는 한국 여성 최초의 해외 유학생이자 미국 유학생이었다. 한국 여성 최초로 의대에 진학하여 서양의학을 전공했으며 의사M.D.가 되었다. 미북감리회 여선교회 소속 선교사로 귀국하여, 보구여관(최초의 여성병원, 서울 정동 소재)과 광혜여원(평양 소재 최초의 여성병원)에서 의사로 활동했다.

신마리아 자매의 아버지는 서양인 선교사의 보조(조수)로 활동하며 일찍이 기독교를 받아들여 서구문물을 접했던 까닭에 개화된 시각을 가지고 있었다. 이러한 집안 분위기에서 세 자매 모두 근대교육을 받고 사회에 진출해 각자의 분야에서 활동하며 근대여성교육의 롤 모델이 되었다. 연동여학교 교사 신마리아는 교육이라는 전인격적인 만남을 통해 이루어진다는 소신을 말과 실천으로 보여주며 여학생들에게 깊은 영향을 끼쳤다. 엘렌 스트롱Ellen Strong, 빅토리아 아버클Victori. Arbuckle, 캐서린 왐볼드Katherine WamBold 선교사는 각각 체조, 미술 등 예체능 과목을 맡아

가르쳤다.

연동여학교 시절, 김순애가 동생 김필례에게 신마리아 선생님의 동생 김배세에게 편지를 전해달라고 부탁한 적이 있었다. 김필례는 아침 먹기 전에 몰래 철조망 밑으로 편지를 전해주려고 하다가 현장에서 도티 교장에게 발각되었다. 교장은 김필례가 교칙을 어겼다며 그 벌로 백과전서를 1시간 동안 나르게 했다. "편지를 전해주는 걸 보니 물건 나르기를 좋아하는가 보다"라며 내린 벌이었다. 김필례는 이 일을 계기로 다시는 교칙을 어기지 않겠다고 맹세했고 그 뒤로 잘못을 저질러 벌 받는 일이 없도록 조심했다고 한다.

김순애가 입학할 즈음 연동여학교에서는 학교에 입학하는 모든 여학생들에게 기숙사 생활을 하도록 했다. 김순애·김필례·김함라 모두 같이 기숙사 생활을 했기에 낯설거나 외롭지 않게 지낼 수 있었다. 그래도 외출 제한 등 규칙이 매우 엄격했던 까닭에 김순애의 동생 김필례는 기숙사 생활을 한 지 얼마 되지 않아 입맛이 떨어지고 몸도 쇠약해졌다. 오빠 김필순은 동생의 건강 회복을 위해 식후에 복용하라고 어간유를 보내주었다. 그러나 김필례는 식후마다 어간유 먹는 걸 고역으로 여겨 처음 얼마 동안 먹지 않고 쓰레기통에 버렸다. 동생의 건강을 걱정하던 김순애가 보다 못해 이 사실을 오빠 김필순에게 알렸고, 김필순은 교장 도티에게 도움을 청했다. 김필례는 교장이 지켜보는 가운데 3년 동안 꾸준히 어간유를 먹어 건강을 회복했다. 김순애·김필례 자매는 기숙사에서 서로를 의지하며, 엄격한 기숙사 분위기와 어린 나이에 겪을 수 있는 어려움과 외로움을 무난하게 극복할 수 있었다.

정신여학교(연동여학교에서 개명) 입학 당시

　김순애가 연동여학교를 다닐 1904년 즈음 학교에서는 학생에게 상으로 풍금을 배울 수 있는 기회를 제공했다. 당시는 연동여학교 여학생 대부분이 예배드릴 때 찬송가 반주자가 되고 싶다는 꿈을 가지고 있었다. 풍금을 배운다는 것은 상상할 수도 없는 영광이었다. 연동교회에 풍금이 없었기 때문에 일요일이면 학교의 사환이 학교에 있던 풍금을 지게에 지고 연동교회로 가지고 갔다. 그러면 기숙사에 있던 여학생들이 일렬로 줄을 지어 그 뒤를 따라갔다. 기숙사생들은 일요일이면 연동교회에 나가서 예배를 드렸는데, 당시까지만 해도 조선 시대 내외법 풍습이 남아 있어 남성과 여성 사이에 휘장을 치고 예배를 드렸다.

　당시 연동여학교에서는 공부 잘하는 학생에게 월반을 허용하는 제도를 운영했다. 김순애의 동생 김필례는 2번이나 월반을 해서 1907년

6월, 17살의 나이에 연동여학교 제1회 졸업생이 되었다. 당시 교장이었던 선교사 안나 밀러_{Anna R. Miller} 부인은 수학 성적이 뛰어났던 김필례에게 수학교사가 되어 학생들을 가르쳐달라고 요청했다. 당시 수학은 신마리아 교사가 맡고 있었지만 수학 이외에도 많은 과목을 맡고 있었기에 신마리아의 부담을 덜어주려는 것이었다. 이리하여 김필례는 졸업 후 연동여학교 교사가 되었다.

김순애는 동생인 김필례와 같이 입학했지만, 아직 졸업하지 못했을 뿐만 아니라 동생에게 수학을 배워야 하는 처지에 놓이게 되자, 연동여학교를 중퇴하고 도산 안창호가 평양에 세운 학교에 가서 학생들을 가르쳤다. 이후 1908년 김필례가 일본 유학을 떠나고 난 뒤 연동여학교에 복학해 남은 공부를 마저 하고 졸업했다.

만주로 망명하다

1909년 6월 김순애는 정신여학교 제3회 졸업생으로 졸업하고, 부산 초량소학교 교사로 부임했다. 1910년 한일병합 후 일제는 학교에서 역사책을 거두어 우리 역사를 가르치지 못하게 했고 각 학교에 일본인 교사 1명씩을 배치하여 한국인들을 감시하게 하는 등 식민지 교육을 강화했다. 학생들은 한국인으로서의 자존감과 민족의식을 상실할 위기에 처했다. 김순애는 하숙집에 역사책 몇 권을 감추어두고 주위의 눈을 피해 학생들에게 역사를 가르치며 민족정신을 불어넣어주고자 했다. 그러다 일본인 교사에게 발각되어 체포될 기미가 보였다. 신변에 위협을 느낀 김순애는 1911~1912년 오빠 김필순과 함께 만주로 망명했다.

세브란스병원 의사로 일하고 있던 김필순은 안창호를 적극 지원했으며, 105인 사건에 연루되어 일본 경찰에게 체포당할 위기에 처했다. 1911년 12월~1912년, 김필순·김순애 남매는 함께 만주 망명길에 올

헤이룽장성 치치하얼시 북제진료소(김필순이 개업한 병원)

랐다. 비밀리에 서울을 떠나 서간도 지린성吉林省 퉁화현通化縣에 정착하고 병원을 개업했다. 이곳에서 그는 이상촌 건설과 독립군 양성을 목표로 활동했다. 그러나 퉁화현이 차츰 일제의 영향권에 들어가서 감시와 압박이 심해지자 내몽골에 가까운 오지인 헤이룽장성 치치하얼로 근거지를 옮기고 병원(북제진료소)을 개업했다. 또한 병원을 부상당한 독립군의 치료 및 독립운동가의 연락 거점으로 활용하도록 했다. 심지어 거의 모든 수입을 조선 독립군의 군자금으로 기부했다. 한편 김필순은 근동의 130리가 넘는 땅을 사들였고 러시아에서 농기구를 도입하여 우리나라 사람들 가운데 가난으로 살기 힘들어하던 빈민 30가구를 집단 이주시켜 농사를 짓도록 했다. 김필순은 병원 일로 바빴던 까닭에 형인 김윤오를 치치하얼로 불러서 농장을 감독하는 일을 맡겼다. 어머니 안성

은도 치치하얼까지 와서 함께 일하며 흙벽돌을
찍어내는 일을 했다. 김필례와 남편 최영욱도
1918년 결혼 직후 치치하얼의 김필순 집에 합
류해 함께 생활하기도 했지만, 곧 광주로 돌아
가서 서석의원을 개업했다. 가족들이 함께 모여
살았던 마지막 시간이었다.

김순애의 젊은 시절

오빠 김필순과 함께 망명하여 만주에서 지낸
지 4여 년이 지난 1915년 9월, 김순애는 만주를
떠나 중국 상하이로 건너갔다. 1918년에는 난징
으로 갔는데 그곳에 언니 김구례와 형부 서병호
가 살고 있었기 때문이다. 서병호가 김순애와 김규식 사이에 중매를 섰다.
1918년, 김순애는 난징의 명덕여자학원에 입학해 수학하던 중에 김규식과
약혼했다. 원래 김순애는 고된 시집살이에 매력을 느끼지 못해 독신주의를
고집했으나, 병석에 누운 어머니 안성은이 "너를 시집보내지 않으면 죽어
도 눈을 감지 못하겠다"고 애원하는 바람에 결혼하겠노라고 약속했다.

서병호는 1914년에 중국으로 건너가 진링대학에서 유학하며 난징에 머
물렀다. 1918년 제1차 세계대전에서 독일이 패배하고 전후 수습을 위해 파
리에서 강화회의가 열릴 것이라는 소식이 전해졌다. 서병호는 몽고에 머물
고 있던 김규식과 연락을 취해 파리 강화회의에 참석하도록 했다. 열강들
에게 한민족 독립 주장하기 위해서였다. 김규식은 김중문金仲文이라는 이름
으로 중국 국적을 취득하여 중국 여권으로 해외여행이 가능했고, 영어가
유창하여 외국인과 자유롭게 의사소통할 수 있는 여건이 되기 때문이었다.

김규식과 결혼,
독립운동의 길을 걷다

파리강화회의 참석을 앞두고 김규식은 결혼을 결심했다. 1919년 1월 즈음, 김순애와 김규식은 난징에 있는 선교사의 집에서 3~4명의 증인을 앞에 둔 채 간단한 혼인서약을 하고 사진 한 장 찍는 것으로 결혼식을 올렸다. 망명지에서 뜻을 함께하는 동지와의 결합이었다. 김순애와 김규식 부부는 결혼식을 올린 직후 서병호와 함께 상하이로 건너가서 김규식의 파리강화회의 참석을 위한 준비에 들어갔다.

　김순애와 김규식이 중매로 결혼하기는 했지만, 전혀 모르던 사이는 아니었다. 1903년 27세의 김규식이 미국 유학에서 돌아와 새문안교회에서 집사와 장로로 시무하는, 한편 경신학교 교사와 연희전문학교 강사로 일하고 있을 즈음이었다. 김순애 역시 새문안교회 교인이었기 때문에 서로 알고 있었고, 김순애의 오빠 김필순과 김규식이 막역한 사이였으며, 김순애와 김규식 사이에 혼담이 오간 적도 있었다. 김규식의 주위에서 결혼 이야기가 나오면서 배우자감으로 세브란스병원 의사로 사회적 명망이 높던 김필순의 여동생 김순애가 거론된 적이 있었다. 그러나 당시 김순애는 정신여학교 재학 중이었기 때문에 혼사가 이루어지지 못했다.

김규식은 1906년 새문안교회 교인이자 정신여학교 출신의 조은애와 결혼했다. 당시 조은애가 정신여학교 재학생이었는지 졸업생이었는지, 결혼하고 정신여학교에 진학했는지는 정확하지 않지만, 김순애와 조은애는 정신여학교 동창으로 서로 아는 사이였다. 김규식은 1917년 조은애와 사별한 뒤, 1918년 김순애와 약혼하고 1919년 결혼식을 올렸다. 김규식은 김순애보다 11살 연상으로, 전처 조은애와의 사이에 아들 김진동이 있었다. 조은애는 병이 깊어지자 어린 아들 김진동의 장래를 염려하며 김규식에게 김순애와의 결혼을 권유했다고 한다.

신한청년당은 여운형·서병호·김철·조소앙·조동호·김규식·신채호·정인보·문일평·선우혁·장덕수 등이 독립운동을 추진하기 위해 1918년 11월 상하이에서 조직한 단체였다. 신한청년당의 당수는 서병호, 총무간사는 여운형이었다. 신한청년당에서는 중국에 파견된 미국 윌슨 대통령의 밀사 찰스 크레인Charles R. Crane을 통해 1919년 1월 18일부터 개최되는 파리강화회의에 윌슨의 민족자결주의가 상정된다는 사실을 알게 되었다. 이에 파리강화회의에 민족대표를 파견해 일제 식민지 통치의 강제성과 불법성을 폭로하는 한편, 한국의 독립을 세계에 호소하기로 했다. 이를 위해 영어에 능통한 김규식을 파리강화회의에 파견하기로 결정하고, 서병호가 김규식과 접촉해 파리강화회의 대표 위촉 및 파견을 추진하게 되었다. 또한 만주·러시아·국내에 대표를 파견해 독립을 위한 일대 궐기를 촉구하기로 했다. 서병호의 연락을 받은 김규식은 난징에서 김순애·서병호와 만나 함께 상하이로 갔고, 신한청년당에 입당해 구체적인 행동을 지시받은 후 파리를 향해 출발했다.

김순애도 김규식과 함께 1919년 상하이에서 신한청년당에 입당했다. 김규식은 스스로 파리강화회의에 파견되어 일제 학정을 폭로하고 한민족의 독립 청원이 설득력을 갖도록 사람을 보내 국내에 독립운동을 일으킬 필요가 있다고 제안했다. 신한청년당의 토의 결과, 국내 독립운동 궐기를 독려하기 위해 김순애·서병호·이화숙·백남규 등이 국내에 잠입하기로 결정되었다. 결혼식을 올린 날부터 김규식이 프랑스로 떠나기까지 2주일 동안, 김규식은 외교특사로서의 계획과 준비로, 김순애는 낮에는 신한청년당 일로 밤이면 프랑스에 갈 김규식의 의복 바느질로, 매일 바쁘게 지냈다. 2월 초 김순애는 상하이 부둣가에서 파리강화회의에 한민족 대표로 참가하기 위해 프랑스행 배(우편선 초르도스호)를 타고 떠나는 남편 김규식을 배웅했다. 결혼식을 올린 지 2주 만이었다. 독립운동을 위해 신랑은 파리로, 신부는 국내로의 노정을 앞두고 비장한 각오로 생과 사를 기약할 수 없는 작별을 했다.

김규식은 아내 김순애, 어린 아들 김진동을 중국에 두고, 상당 기간을 해외에 머물며 독립운동에 헌신했다. 민족 대표로 파리에 파견되어 활동했고 이후에는 미국에 건너가 구미위원회 위원장으로서 독립운동 자금마련에 헌신했다. 1920년 1월부터 건강이 급속히 악화되어 3월 미국 워싱턴에서 뇌종양 수술까지 받았지만, 몸을 추스르자마자 5월 21일부터 한 달 동안 미주 본토 27개 도시를 순회하며 재미동포들에게서 4만 달러의 공채를 사겠다는 약정을 이끌어내었다. 대단한 성과였다. 목표는 12월 말까지 네 차례 순회활동을 통해 15만 달러의 공채금을 수합하는 것이었다. 김규식이 해외에서 독립운동을 하느라, 김순애는 결혼 후에도 상당 기간 남편과 떨어져 살아야 했다.

김순애와 김규식의 결혼사진(1919)

김순애는 가지고 있던 돈을 모두 김규식에게 주기 때문에 국내로 가는 데 쓸 여비가 없었다. 할 수 없이 상하이에 있는 선교사와 어떤 중국인에게 도움을 청했다. 이들이 기꺼이 자금을 희사한 덕분에 여비를 마련할 수 있었다.

1919년 2월 중순, 김순애는 중국인 복장으로 서병호·이화숙·백남규 등과 함께 배를 타고 상하이를 출발해 부산항에 도착했다. 파리강화회의에 가서 한국민족의 독립을 청원하는 김규식의 활동에 힘을 실어주면서 국내 독립운동 궐기를 독려하려는 목적이었다. 부산에 있는 백산상회는 독립운동가들의 회합 장소이자 연락처로 독립운동 거점으로 활용되었다. 김순애는 부산에서 백신영(전도사, 대한민국애국부인회 결사부장)의 집에 머무르다가, 정세를 더 탐지하기 위해 대구로 이동했다.

그리고 대구에서 조카 김마리아를 우연히 만나 동지로서의 감회를 나누었다. 김마리아는 국내 독립운동의 궐기를 촉구하기 위해 일본 유학 중 귀국해 도쿄여자 유학생 대표로 활동하고 있었다. 그렇게 대구에서 만나게 된 김순애 · 서병호 · 김마리아는 함께 전라도 광주로 향했다.

광주에는 김순애의 동생 김필례가 있었고 김필례의 남편인 의사 최영욱이 서석의원을 운영하고 있었다. 당시 김필례는 산달이 가까워 거동이 불편한 상황이었다. 서석의원에서 경찰의 감시망을 피해 김마리아가 일본에서부터 비밀리에 가지고 들어온 독립선언문을 수백 부 복사하고 격문도 수백 부 만들어 서울로 향했다.

2월 24일 김순애 일행은 서울에 도착했고, 도착 즉시 김순애는 일본 경찰의 감시를 피하기 위해 세브란스병원에 입원했다. 세브란스병원은 오빠 김필순이 의사로 재직했던 곳이었다. 입원 첫 날 밤에 간호사가 바로 위층에 함태영 목사가 입원해 있다고 알려주어서, 함태영 목사와 만날 수 있었다. 함태영은 거족적인 독립선언대회가 서울에서 추진되고 있다고 알려주며, 서울은 위험하니 즉시 평양으로 가서 상하이에서의 독립운동 상황과 김규식의 파리강화회의 파견 소식에 관해 보고하라고 했다.

이에 김순애는 평양에 살고 있던 친구 김애희(도쿄여자학원, 베이징협화여의전, 필라델피아여의대, 평양애희병원 개업, 평양기홀병원부인과 의사)에게 전보를 쳐서 자신의 평양 방문을 미리 알리고 평양행 기차에 올랐다. 김애희는 평양 숭의여학교 안에서 비밀리에 조직된 여성독립운동단체인 송죽결사대의 창립 멤버 김경희의 동생이었다. 김순애는 김애희를 통해 평양에 있는 민족대표들에게 자신이 국내에 잠입한 목적과 김규식이 민족대표로 파리강화회의에 파견되었다는 소식을 전했다. 그런데 어떤 이가 민족대표 전체의 뜻이라며 김순애의 신변이 위험하니 하루 빨리 평양을 벗어나 만주로 탈출하라는 내용의 전갈을 가져왔다. 김순애는 동지 김경희가 3·1운동 전날에 투옥과 죽음을 각오하는 유언까지 남기는 모습을 보고 상하이로 돌아가지 않으려고 했다. 그러다 김경희의 끈질긴 설득으로 2월 28일 압록강을 건너 오빠 김필순의 집이 있는 헤이룽장성으로 피신했다. 김경희는 3·1운동 및 상하이 대한민국임시정부 요원으로 국내외를 왕래하며 독립운동에 매진하다가 젊은 나이에 순국했다.

헤이룽장성에서 김순애는 국립 여자사범학교 학감으로 취직하는 한편, 중국인 유지의 협조를 받아 독립운동을 계속하고자 했다. 한국인 동포를 규합해 3·1운동과 같은 만세시위를 계획하고 추진하다가 일본영사관에 연행되어 취조를 받았다. 일본영사관 측은 김순애의 행적을 이미 조사해보았는지 남편의 행방을 물어보며 독립운동 현황에 대해 취조를 시도했다. 김순애는 이미 중국인으로 귀화해 중국 국적을 가지고 있었고 또 중국말도 유창했던 까닭에, 일본영사관의 취조 내용을 모두 부인하고 자신은 중국인이라며 중국 이름만을 말할 뿐이었다. 취조는 밤새도록 진행되었다. 김순애가 취조에 굴하지 않고 오히려 반격하는 태도로 밀고 나가자, 일본영사관 측은 중국 경찰로 하여금 다시 체포하게 해서 심문을 의뢰할 계획으로 김순애를 일단 석방했다. 며칠 뒤 중국관헌이 김순애에게 이 사실을 알려주며 빨리 도망가야 한다고 권고했다. 김순애는 변장을 하고 헤이룽장성을 떠나 상하이로 탈출했다.

김순애의 오빠 김필순(41세)은 1919년 9월 1일 이웃 일본인 의사가 준 우유를 마신 후 갑자기 건강이 악화되어 숨졌다(독살설). 김필순은 사후 김필순의 셋째 아들 김염(본명 김덕린, 1919~1983)은 일정기간(상하이와 톈진) 김순애의 집에서 지냈다. 김순애의 오빠 김필순(당시 44세)은 1919년 9월 1일 이웃 일본인 의사가 준 우유를 마신 후 갑자기 건강이 악화되어 숨졌다(독살설). 김필순 사후 그의 셋째 아들 김염(본명 김덕린, 1910~1983)은 일정 기간 김순애의 집(상하이·톈진)에서 지냈다. 그는 영화배우가 되어 상하이에서 40여 편의 항일 영화를 찍어 명성을 날렸으며, '중국의 영화 황제'라는 칭호를 얻었다.

김순애와 김규식은 결혼 직후 상하이를 떠나기 전에 장남 김진동에 관해 의논했다. 김규식은 진동을 장자커우(張家口)에 맡겨놓았는데, 자기가 돌아올 때까지 진동을 데려오지 말라고 했다. 한편 김순애는 아버지가 없는 동안 진동과 친해두는 것이 좋을 것이라고 생각하고 진동을 장자커우에서 데려와 키웠다. 김규식이 돌아올 때까지 몇 년 동안 같이 지내면서 둘은 아주 절친한 사이가 되었다. 흔히 생각하는 계모와는 거리가 멀었다. 김순애는 미국 잡지에서 본을 떠서 양복을 만들어 진동에게 입혔는데, 1970년 인터뷰에서 "50년이 지난 오늘에도 내가 만든 양복을 입고 넥타이를 매고 교회에 가곤 하던 진동의 모습이 눈에 선하다"고 회상하기도 했다. 저녁에 자기 전에는 어린 진동에게 자기를 따라 기도하도록 했다. 하루는 진동이 따라할 것이라고 생각하며 김순애는 "아버지가 돌아오셔서 세 식구가 같이 재미있게 지내도록 하여주세요"라고 기도했는데, 진동이 "엄마, 난 그런 기도 안 해"라고 했다. 왜 그러냐고 물었더니 진동은 "나는 거짓말 기도 안 할거야. 아버지 오면 뭣이 재미있어? 욕하고 때리고 할 텐데… 나는 이대로 지내는 것이 좋아"라고 대답했다는 것이다. 김규식의 성정이 급하고 완전주의자여서, 가정에서도 엄하게 규범을 따지는 엄부였고, 역시 다정한 남편도 못되었다. 이러한 까닭에 김진동은 새어머니인 김순애와 더 가까워질 수 있었다. 김규식이 1919년 2월 초에 상하이를 떠나 1921년 1월 18일에 돌아와서 보니 둘 사이가 너무 친근해 놀랐을 정도로, 김규식이 없는 2년 동안 둘은 돈독한 모자관계를 형성했다.

한편 김필순 사후 김필순의 아내(김순애의 올케) 정경순은 치치하얼 교외에 낡은 집을 구해 마당에 움막을 짓고 돼지를 기르고 채소를 가꾸고 동네 사람들의 빨래를 해주며 겨우 끼니를 이었다. 좀 더 나은 수입을 얻고자 중국어를 열심히 배워 산파 일을 했다. 병원에서 빨랫감도 받아왔다. 그렇게 해도 시어머니 안성은을 모시고, 일곱 아들 김영(덕봉), 김억(덕호), 김염(덕린), 김강(덕상), 김덕홍, 김위, 김로, 모두 아홉 식구 입에 풀칠하기에 너무도 힘겨웠다. 1922년 안성은이 마침내 결단을 내렸다. "입이라도 덜기 위해 손자 김염과 김강(동생)을 데리고 딸들(큰딸 김구례, 서병호 부인; 둘째 딸 김순애, 김규식 부인)이 있는 상하이로 가겠다."

김구례와 김순애는 상하이의 작은 집 한 채에서 아래 위층으로 함께 살았다. 김염(소학교 졸업 이듬해, 열세 살)은 2층에 사는 김순애 가족과 함께 살게 되었다. 그러나 김규식이 독립운동을 하고, 김순애는 고국에서 유학 온 학생들 하숙을 치면서 생활을 꾸려가니 궁핍하기는 마찬가지였다. 게다가 김염과 김진동(김규식의 전부인 소생 아들)이 계속 부딪혔다. 김염은 얹혀 살면서 다툴 수 없어 참고 또 참다가 하루는 말도 없이 집을 나갔다. 지푸에서 고학하며 산동의대에 다니던 큰 형에게 간 것이었다.

김염과 그의 큰형 김영(의사)

이 때문에 김순애도 속상했을 것이다. 형에게 부담이 되었는지 김염은
몇 개월 만에 김순애의 집으로 다시 돌아왔다. 1924~1925년 사이에 있
었던 일이다. 이때 김순애 가족은 상하이에서 톈진으로 이사한 상태였
다. 우여곡절을 겪으며 김순애는 상하이와 톈진에서 일정기간 조카 김염
을 데리고 함께 살았다.

상하이 대한애국부인회를
조직하다

3·1운동 이후 1919년 4월 상하이에서 대한민국임시정부가 조직되었다. 한국 여성들은 3·1운동에 적극적으로 참여했다. 만세시위를 주도하기도 했으며 투옥과 고문, 죽음의 두려움에 맞서 항일독립운동을 전개했다. 한국 여성들의 봉기와 활약에 한국·일본·외국인 모두 크게 놀랐다. 이는 남성들의 각성을 촉구했을 정도로 대단한 것이었다. 3·1운동에서 보여준 여성들의 저력과 활약상에 힘입어, 「대한민국임시헌장」에는 남녀의 평등이 명시되었다.

　상하이로 돌아온 김순애는 여성들도 독립운동에 적극 동참하자는 취지로 1919년 4월 11일 이화숙·이선실·강천복·박인선·오의순 등과 함께 대한애국부인회를 창립하고 회장에 피임되었다. 6월 즈음 대한애국부인회의 회원 수는 60여 명으로 확대되었고, 적십자회를 조직하여 적십자 활동을 위한 연습 준비에도 착수했다. 대한애국부인회에서는 국내외 여러 지역에서 애국부인회가 조직되었을 뿐만 아니라 적십자회까지 조직된 곳도 있다는 사실을 파악하고, 여러 부인회와 연계해 여성들의 힘을 하나로 모아야 할 필요성을 느꼈다. 이에 상하이 대한애국부인회 회장 명의로 교민 간의 친목과 정보 교환, 출판활동을 목적으로 하는 공한을 작성해, 국내외 각지에 설립된 애국부인회에 보냈다.

1919년 6월 상하이 대한애국부인회 김순애 회장 명의로 미주 여자애국단에 보낸 편지의 내용은 다음과 같다.

상하이에 있는 대한애국부인회는 귀 회의 건강과 행복을 먼저 축사하오며 거리에 가깝지 못함을 인하여 우리의 정신이 같고 목적이 같은 동지로 피차에 서로 지금까지 통신과 연락이 없음은 실로 적지 않은 유감으로 생각하는 바이올시다. 그러므로 지금 귀 회에 통지하고자 하는바 상하이에 애국부인회가 이미 조직되어 회원이 60명이요 그간에 몇 가지로 진행되는 일이 있으며 이 앞으로 더욱 원만히 진행할 방침을 연구하여 우리의 죽었던 국가를 다시 살게 하는 데 전심 갈력하고자 하는 중 먼저 깨달은 바에 필요한 것은 우리 애국부인회가 어느 곳에 조직되었든지 먼저 서로 연락하기를 간절히 원하노라. 아무쪼록 같은 목적에 같은 방침을 써서 끝까지 진행하기를 바라나이다. 듣는 바에 대한애국부인회가 처처에서 여러 곳으로 조직되어 혹 어떤 곳에서는 적십자회까지 이미 조직되었다는 말을 듣고 심히 반가워하는 바이오며 본 회 내에도 적십자회가 조직되어 지금 연습, 공부하는 중이올시다. 우리 대한부인회 가운데 적십자회가 심히 필요한 것은 이미 짐작하시고 여기에 대하여 경영이 많은 줄 아오며 귀 회의 진행 방침을 내외에 통지하여 서로 연락하는 때에 많은 유익과 도움이 피차에 있을 줄 확신하옵고 귀 회의 의향을 듣기 바라나이다.

대한민국 원년 6월

상하이 대한애국부인회장 김순애

이 편지에서 김순애는 각지에 조직된 애국부인회들 사이의 상호 연락과 협조가 중요하며, 특히 적십자회의 조직과 운영에 준비와 협조가 필요함을 강조했다. 상하이 대한애국부인회는 여성들의 독립운동을 표방하며 각지의 애국부인회와 역량의 통합을 시도했다.

7월 29일 회원들은 자수제품을 모아 대한민국임시정부에 헌납하고, 이를 외국인들이 상당한 가격에 매입하도록 하여 독립운동 경비 마련에 기여했다. 9월, 상하이 조계지 내 빈창로 어양리 2호에서 대한애국부인회가 정식으로 조직되었다. 회장 이화숙, 부회장 김원경, 총무 이선실, 서기 이봉순·강현석, 회계 이메리·이교신, 출판부 조숙경, 교제부 강천복·박인선·이메리, 사찰부 윤숙경·홍관성이었다. 대한애국부인회 조직과정에서 주도적인 역할을 했던 김순애는 대한애국부인회 집사장으로 활동하며 회를 적극적으로 지원했다. 안창호는 대한애국부인회의 사업에 관한 12가지 사항을 구체적으로 제안하기도 했다.

1920년 1월, 상하이 대한애국부인회의 주최로 고인이 된 하란사·김경희·이인순 3명의 애국 여성에 대한 추도회가 강녕리 민단 사무소에서 개최되었다. 대한애국부인회 회원 20여 명이 참석했고 내빈으로 노

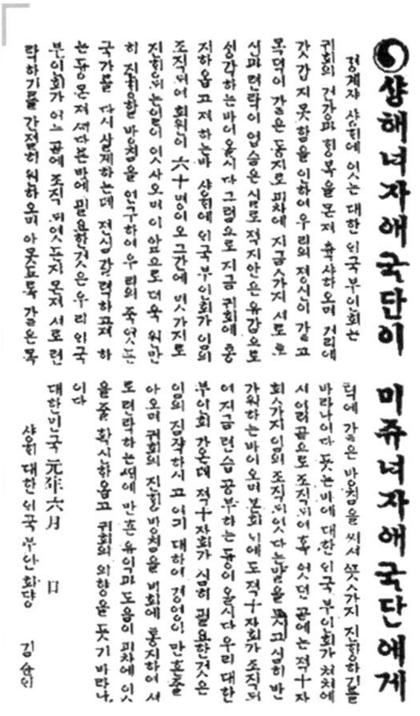

◉상해녀자애국단이 미쥬녀자애국단에게

경계자 상해에 잇는 대한 애국부인회는 귀회의 건강과 행복을 몬저 축사하오며 거리에 갓갑지 못함을 인하여 우리의 정신이 갈고 목뎍이 갓흔 동지로 피차에 지금까지 서로 소식과 련락이 업슴은 실로 적지안은 유감으로 생각하는바이옵시다 그럼으로 지금 귀회에 통지하옵고저 하는바 상해에 애국부인회가 잉의 조직되어 회원이 六十명이오 그간에 몃가지로 진행되는 일이 잇사오며 이 압으로 더욱 위만히 진취할 방침을 연구하여 우리의 죽엇는 국가를 다시 살게하는데 전심갈력하고저 하는동은 저 세다본바에 필요한것은 우리 애국부인회가 어느 곳에 조직되엿든지 몬저 서로 련락하기를 간절히 원하옵니 아못조록 갓흔목뎍에 갓흔 방침을 씨서 몃가지 진행하기를 바라나이다 듯는바에 대한 애국부인회가 처처에서 이러곰으로 조직되어 혹 잇던 곳에는 적十자회 가지 일의 조직되엿다는말을 듯고 심히 반가워하는바이오며 본회 ㄴ에도 적十자회가 조직되어 지금 련습공부하는 동이 잇사다 우리 대한부인회 가운데 적十자회가 심히 필요한것은 잉의 짐작하시고 이기 대하여 경언이 만흐줄 아오며 귀회의 진행 방침을 비회에 통지하여 서로 련락하는데에 만흔 유익과 도움이 피차에 잇을줄 확신하옵고 귀회의 의향을 듯기 바라나,이다

대한민국 元年六月 日

상해 대한 애국부인회장 김순애

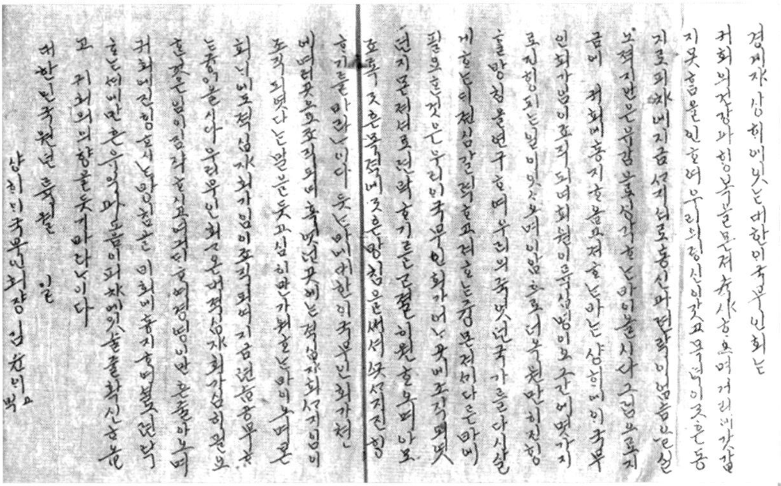

상하이 대한애국부인회의 편지

동국 총변 안창호, 국무원 비서장 김립, 재무차장 윤현진 등 30여 명이 참석했다. 대한애국부인회 회장 이화숙이 개회사를, 김순애가 김경희 여사의 약력을, 김원경이 이인순 여사(이동휘의 장녀)의 약력을, 이화숙이 하란사 여사의 약력을 낭독했다. 하란사·김경희·이인순은 상하이 대한 애국부인회 회원들과 간부들이 지향하는 애국 여성상이자 선진 여성상을 대표하는 상징적인 인물들이었다. 모두 학교에서 근대식 교육을 받은 신여성들로 당시 여성으로는 드물게 교사로 활동하는 한편, 여성들에게 애국심을 고취하고 독립운동에 헌신했다. 일생 동안 깊은 책임감과 사명감을 가지고 근대교육과 조국독립에 대한 염원을 여성들에게 전파하며, 조국독립과 여성계몽을 자각하고 실천했던 인물들이었다. 또한 김순애는 독립운동을 하다 세상을 떠난 3인의 애국 여성을 위한 추도식에서, 고 김경희의 생애와 업적에 대한 추도사를 낭독하며 선열을 추모하고 독립운동에 대한 의지를 북돋우었다.

또한 김순애는 상하이 대한애국부인회 집사장으로서 회원들을 이끌었다. 1922년 즈음 대한애국부인회에서는 각지의 부인계와 연락하여 독립운동을 크게 전개하고자 했으나 이에 필요한 재정이 없어 실행하지 못하고 있었다. 이에 김순애와 회원들은 고심하고 연구한 끝에 1922년 3월 4일, 회원들이 가무극연주회를 개최하고 1원의 입장권을 발매해 그 수입으로 대한애국부인회 활동비를 충당하도록 했다.

독립운동가들은 1919년 상하이에서 대한민국임시정부를 수립하고 지속적으로 독립운동을 전개했다. 그러나 3여 년의 기간이 흘러도 별 뚜렷한 성과가 보이지 않고, 오랜 동안의 독립운동으로 심신이 피폐해져 마음이 우울하고 괴로움이 쌓여가는 이들이 많았다. 이들을 위안하고 청년의 운동도 장려하기 위해, 유호아留滬我 학생회에서 1922년 3월 20일 오후 2시부터 5시 30분경까지 상하이 중국인 공공체육장에서 춘기 육상대운동회를 개최했다. 운동장 한가운데 꽂아놓은 태극기가 봄바람에 나부끼어 참가자들을 반가이 맞이하는 듯했다. 국내외 다수 인사가 참관하는 가운데 청년들의 운동경기가 진행되었고 사이사이에 어린 학생과 부인의 경주도 있어서 재미를 더했다. 당일의 우승자는 김영희·주요섭·이상준·신영철·이강희 등이었다. 각종 운동경기가 끝난 다음에는 시상을 했다. 김순애와 오의순이 직접 각 우승자에게 상품과 상장을 수여했다. 운동경기는 우승을 향해 필사의 경쟁을 하는 과정에서 목표의식을 일깨우고 활발한 기상을 북돋우는 계기로 작용했다.

1922년 상하이 대한애국부인회는 김익상·오성륜이 상하이세관 마두碼頭(부두)에서 일본인 다나카 기이치田中義一를 저격(3월 28일)하던 중에 총알에 잘못 맞아 사망한 미국인 리아 스나이더Ria Sneider 부인에 대한 애도를 표하는 일에 앞장섰다. 비단 바탕에 영문으로 스나이더 부인의 죽음을 조상한다는 문구를 수놓고 애도의 편지를 써서 보내, 스나이더에게 애도와 위로의 마음을 전했다. 대한애국부인회가 만든 기념품과 편지를 받은 스나이더는 귀국하는 배 위에서 대한애국부인회 집사장 김순애에게 답장을 보내 감사를 표했다.

상하이에 잇는 우리 대한애국부인회에서는 그 애도의 뜻을 표하기 위하야 비단 바탕에 영문으로 『스나이더부인의 죽음을 조상하노라』의 문구를 수놓아서 그 남편 스나이더에게 주고 아울러 조문하고 위로하는 의미의 서간을 보냈더니 스나이더는 미국으로 귀국하려던 즈음에 이 기념품과 서간을 받고 곧 출발해 4월 10일 배 위에서 답장을 써서 애국부인회 집사장 김순애 부인에게 보냈는데 그 뜻이 매우 간절하고 정이 두터워 또한 우리에게 많은 호감을 가지고 있는 모양인바 지금 그 답신을 다음과 같이 번역해 게재하노라. …

한국인의 독립운동 와중에 의도치 않게 총에 맞아 사망한 외국인에게 조문과 위로의 뜻을 표하여 한국인에 대한 좋은 이미지를 심어주기에 힘썼다.

이 외에도 상하이 대한애국부인회는 1932년 2월 상하이사변 때 19로군에 사람을 파견해 약품(옥도정기)과 탈지면 등을 보내고 부상병을 위문했다. 1933년 3·1기념일에는 "민족의 역량을 집중해 독립운동을 완성하자"고 쓴 '3·1기념' 전단을 배포했고, 1933년 8·29기념일에는 "국치기념"이라는 제목의 전단을 발행·배포해 민족의식을 고양하기 위해 노력했다.

상하이 대한적십자회 간부로서
간호부양성소를 설립하다

1919년 4월 김순애는 상하이 대한애국부인회를 조직해 대한민국임시정부를 지지하고 후원하는 활동을 전개하는 한편, 1919년 7월 이희경·김성겸·서병호·여운형 등과 함께 대한적십자사를 재건해 항일독립전쟁에 대비하고자 했다. '대한적십자사'는 '독립전쟁으로 인한 전상병의 구호'를 목적으로 재건된 구호단체로 상하이 대한민국임시정부 산하 조직이었다.

대한적십자사 임원으로는 회장 이희경, 부회장 김성겸, 이사 여운홍, 사검(감사) 김창세·김순애·안정근·상의원 이광수·손정도·정인과·고일청·김철·현순·김홍서·이춘식·옥성빈·김태연·이화숙·김한·원세훈·김보연·오의선·이기룡·장건상·서병호·강태동·김병조였다. 여성 임원으로는 상하이 대한애국부인회 회장으로 한국 여성계를 이끌었던 김순애·이화숙·오의선과 이신실·김원경·이봉순 등이 포함되었다.

회장 이희경은 경성에 대한적십자회 총지부를 설치하고 동지를 규합하고자 통신원 이종욱을 국내에 파견했다. 또한 신한청년단 총무이자 대한애국부인회 고문을 맡고 있던 이병철도 적십자 간사 겸 명예회원으로 활동을 개시했다. 각 도에 적십자회 지부를 설치하고, 의연금 모집을 위한 역원役員을 임명하며, 적십자회 선언서 500매를 나누어주는 일을 수행했다. 이때 여성 독립운동가 김원경도 상하이에서 경성으로 파견되어 이병철과 함께 활동했다. 상하이 대한민국임시정부에게서 적십자회 지회 조직과 의연금 모집을 요청받은 국내 여성계에서는 독립운동을 목표로 조직된 기존의 부인회들을 통합하고 적십자회 조직을 추가하여 대한민국애국부인회(회장 김마리아)로 재건하고 김마리아를 회장으로 추대했다.

대한민국애국부인회는 독립전쟁에 대비해 적십자회를 추가하고 간호사들을 대거 참여시켜 훨씬 구체적이고 실제적인 조직으로 정비되었다는 점에서 이전의 여성독립운동단체와 차별성을 갖는다. 이러한 변화는 상하이에서부터 밀파된 독립운동가들이 전달하는 새 소식, 독립전쟁에 대비해 대한민국임시정부 산하에 대한적십자사가 조직되었다는 소식에 영향을 받은 것이었다.

상하이 대한적십자회 회원 대표의 일원으로서 김순애는 대한적십자회 재건선언문 발표에 동참했다. 1919년 대한민국임시정부 산하 단체로서 상하이에서 조직된 대한적십자회는 새로운 조직이라기보다는 재건한 조직이었다. 왜냐하면 한일병합 이전에 대한적십자회가 존재했지만 한일병합 이후에 일본적십자회와 병합되었기 때문이었다. 문제는 일본적십자회가 한국인들을 위한 복지에는 전혀 관심을 두지 않았고, 심지어

3·1독립운동으로 몇 만에 달하는 많은 한국인이 일본 경찰에게 죽임당하거나 부상을 입었고, 체포·투옥되어 고문을 받고 감옥의 열악한 환경과 고문, 부상의 후유증으로 죽어나갔음에도 아무런 조처를 취하지 않았다는 점이었다. 심지어 일본적십자회는 입회비라는 명목으로 한국인들에게서 거액을 받아갔음에도 일본 경찰의 탄압으로 죽어가는 한국인들에게 구호의 손길을 보내지 않았다. 가장 인도적이어야 할 기관인 적십자회가 일본 정부, 조선총독부, 일본인의 만행에 눈을 감고 외면하는 비인도적인 행동으로 기본적인 책무를 저버렸기 때문이었다. 따라서 한국인에 의한, 한국인을 위한 대한적십자회를 재건해야 할 필요가 있었다.

상하이 대한적십자회가 사업을 전개하기 위해서 우선 긴급하게 해야 할 일은 부상자와 병자를 구호할 수 있는 병원의 설립과 간호사 양성이었다. 이를 시행하기 위해서는 먼저 회원을 많이 모집하고, 회원들에게서 회비를 많이 모금해야 했다. 1919년 대한적십자회는 회원들을 자유대·독립대·십자대·삼일대로 나누어 대장을 임명하고, 11월 23일부터 12월 14일까지 회원 모집 경쟁을 벌여 각 대원의 성적을 점수로 환산하여 다득점자에게 시상했다. 또한 적십자회 회원 모집을 독려했다. 김원경·이메리·이화숙 등 여성 대원들도 회원 모집에 적극적으로 참여하여 좋은 성적을 거두었다. 김원경은 사회주의자로 모스크바와 국내를 드나들며 독립운동을 전개했고, 이화숙(일명 이도로시)은 이화학당 대학과 college 제1회 졸업생으로 이화학당 교사로 일하다 상하이로 망명해 독립운동을 전개했으며 대한애국부인회 회장을 역임했다.

1920년 1월에는 대한적십자회 부설기관으로 간호부양성소를 설립하

소 성 양 부 호 간 회 자 ㅣ 져

상하이 대한적십자회 간호부양성소
앞줄 오른쪽에서 네 번째가 김순애이다.

여 독립전쟁에 대비한 간호인력 양성에 주도적인 역할을 담당했다.

『신한민보』는 미주에서 발행되어 미주동포사회에 배포되었던 한글신문으로, 1920년 5월자에 "대한적십자회 본부에서 활동하며 재중동포를 위한 학교교육에도 애쓰고 있는" 김순애의 소식을 전했다. 김순애는 재중동포, 특히 상하이 거주 한국인(자녀)의 교육을 위해 설립된 상하이 인성학교 유지원으로서 인성학교의 교사 건축비와 기본금 모집을 위한 취지서 발표에 동참하는 등 인성학교 발전을 위한 활동에 적극 참여했다.

인성학교는 일제강점기 상하이에 거주하던 한국인 자녀의 초등교육을 전담하던 교육기관으로, 상하이에 거류하는 한국인 자제들을 교

상하이 인성학교 전경

육하기 위해 교회에 소속된 사립학교로서 1917년 2월에 설립되었다. 1919년 6월 교민친목회에서 인수해 1920년 한국인의 의무교육 실시를 목표로 한 모범학교로 상하이 대한인거류민단 소속의 공립학교가 되었다. 1920년 여운홍(여운형의 동생)이 교장으로 부임하면서 학교의 유지·발전을 위한 기금 모금을 시작했다. 교육 목적은 학생들에게 지智·덕德·체體를 함양시키는 데 있었다. 한국어와 한국사 과목에 가장 치중하여 학생들에게 한국혼을 불어넣어주고자 했고, 그 밖에 한문·외국어 등을 교육했다. 인성학교의 발전을 위한 모금 취지서의 내용은 다음과 같다.

교육은 우리 민족의 생명이라 교육이 있으면 살고 교육이 없으면 죽으리니 이번 독립운동은 과거 10년간 교육의 결과요 이 운동이 아직 성공되지

대한민국임시정부 인성학교(학생들과 교사진)

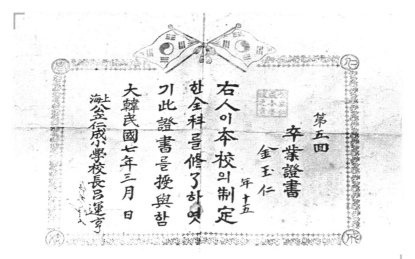

상하이 인성학교 졸업장(제5회 졸업증서)
상하이공립인성소학교 교장 여운형의 명의로 발행되었고 그의 사인이 첨부되어 있다.

못함은 민족의 힘의 원천인 교육이 아직 부족하기 때문이다. 장차 우리 민족이 흥왕할 길은 오직 교육에 있나니 대한의 동포여 이후 사업은 오직 교육에 있는 것을 깨달을 지어다. … 우리는 작년 이래로 상하이에 설립되어 현재 50여 명의 아동을 교육하는 한인학교를 택하여 이로써 완전한 모범교육기관을 만들고 힘이 잇는 대로 중등교육, 전문교육 등의 기관과 외국에 유학하려는 청년의 준비교육기관을 설치하여 해외한인교육기관의 기초를 확립하기로 결심하고 이에 사업계획, 예산, 기금 모집 방법 등을 작성해 취지서를 만천하 대한국민에게 고하노니 교육으로 구국할 줄 확신하는 동포 여러분은 응당 전심 갈력해 찬조하실 줄 확신하나이다.

김순애를 비롯해 상하이 대한애국부인회에서는 동포 2세의 교육을 중시하여, 정애경·김연실 등 회원들이 인성학교 교사로 복무하며 구국교육을 담당했다. 인성학교 출신 여학생 가운데는 김규식이 주도하는 민족자주동맹 산하의 자주여성동맹(고문 김순애) 부위원장으로 활동하며 김규식을 따라 통일정부 수립을 위한 북행(1948년)에 함께했던 '김일사'라는 인물도 있었다.

대한독립의용단을 조직하다

1920년 9월 30일, 김순애는 상하이 한인동포의 자치 및 친목단체인 대한인거류민단 의원으로 선출되었다. 상하이 대한인거류민단 의원을 뽑는 투표를 실시한 결과 2명의 여성 당선인이 배출되었다. 본구本區 의원으로 김순애, 서구 의원으로 김원경이 당선되어 활동했다. 특징적인 점은 이 투표에서 김순애의 득표(수)가 김구·여운형·이광수·최창식보다 조금 많이 나왔다는 점이다. 상하이 재중 교민들 사이에서 김순애에 대한 인지도나 지지도가 상당히 높았다.

지난 9월 30일 재상하이 조선인거류민단 의원의 총 개선을 한 결과 당선된 의원 및 득점은 다음과 같음.

한진교韓鎭教 53표, 서병호徐丙浩 44표, 이유필李祐(裕)弼 41표, 선우혁鮮于嚇(爀) 36표, 김인전金仁소 35표, 장붕張鵬 35표, 김태연金泰淵 30표, 김순애金淳

愛 29표, 안병찬安秉瓚 29표, 윤기섭尹琦燮 29표, 김구金九 27표, 김홍서金弘叙 27표, 여운홍呂運弘 26표, 이광수李光洙 26표, 도인권都寅權 26표, 최창식崔昌植 26표, 김원경金元慶 19표

또한 김순애는 1920년 1월 손정도·김철·김립·윤현진·김구 등과 함께 대한독립의용단을 조직하고 국내로 조직을 확대하고자 했다. 의용단의 목적은 정연한 조직과 견고한 단결 아래에서 대한민국임시정부의 뜻을 체득하고 명을 받들어 모든 거동을 질서 있게 해 일단 선전포고가 내리는 날에는 일거에 일어나 조국광복을 쟁취하는 것이었다. 이러한 목적 아래 평안도·황해도·서울을 중심으로 조직을 확장시켜 우선 1,000명의 독립군을 양성해 조선총독부 기관을 습격하거나 일본인 고관들을 처단할 계획을 세웠다.

1920년 4월, 상하이 대한독립의용단 총무인 김석황이 국내에 파견되어, 평양에서 김동선을 만나 국내 의용단 조직에 들어갔다. 그해 6월 홍석운·여행렬·김송혁·주석환·임승업·이기영·김의창·표영준·유성삼 등과 함께 각지의 독립운동단체를 통합해 국내 독립의용단을 조직하고, 각 지방에 지단도 설립했다. 1920년 8월, 미국의원단의 내한을 계기로 평남지단의 김예진 등 20여 명의 단원들이 만주에서 입국한 문일민·장덕진 등과 함께 거사를 계획했다. 8월 3일, 김예진·우덕선·문일민 등이 평안남도청을 폭파했고, 8월 6일에는 표영준이 평안남도 경찰부장이 탄차를 습격했다. 이때 다수의 단원이 붙잡혀 옥고를 치렀다.

김순애는 영어와 중국어에 다 능통했다. 국내에서는 서양인 선교사가

大規模의 大韓獨立團

義勇團長은 金錫璜

各處에서 繼續檢擧

爆彈犯

大韓獨立通牒

대한독립단 보도 기사(『동아일보』 1920년 9월 19일자)

金錫璜은 懲役十年

義勇團事件控訴는 棄却

자동차에 륙혈포를 노흔 표영준도결국무긔징역

대한독립의용단 사건 재판 보도 기사(『동아일보』 1921년 2월 27일자)

운영하는 정신여학교를 졸업했고 중국에 건너와서도 학교를 다니며 언어를 익혔다. 김순애는 자신의 특기를 살려 다른 한국 여성들과 함께 상하이에 있는 각 남녀 학교를 돌며 한·중 문제에 관한 연설을 했다. 이 순회 연설은 중국인들에게 좋은 반응을 불러일으켜 한국인과 중국인 간의 상호 이해 증진에 큰 역할을 했다.

1920년 3월 8일부터 김순애는 김원경(당시 상하이 대한애국부인회 회장), 김연실과 함께 중국 청년 남녀에게 한국 문제와 한·중 관계에 대한 연설을 총 7회 실시했다. 중국어(한어)와 영어에 능한 김순애의 활동이 가장 활발하고 두드러져, 중국 청년 여성계에 한국의 상황과 한국인의 처지에 대한 주의를 환기하는 데 많은 효과를 거두었다. 7회에 걸친 연설의 개략은 다음과 같다.

제1회 3월 8일 오전 10시, 김순애가 남양교권업여사범학교 개학식에 참석해 "국적國敵에 대항함은 군기軍器 재정에만 있지 않으며 교육에 있다"는 취지로 모인 80여 명에게 연설을 한 후 해당 학교에서 6시간씩 교수하기로 약속했다.

제2회 3월 11일 오후 4시, 남문예배당에서 김원경은 '한·중 관계'를, 김연실은 '한국독립운동의 참상'을 연설하고, 김순애가 전자를 중국어로, 후자를 영어로 통역했다. 김순애는 '한국교회핍박'과 '대한적십자'에 관한 주제로 선전 연설을 했다. 청중은 칭신淸心여학교, 성수聖書학원 학생 100여 명으로 서양인도 있었다.

제3회 3월 16일 오후 4시, 서문예배당에서 김순애는 '9년 전에 조국을 떠나 중국에 귀화한 이유와 한·중 관계'에 대해, 김원경은 '한국독립운동'에 관해 연설했다. 청중은 200여 명으로 1개 여학교, 2개 남학교 학생들이 참석했다.

제4회 3월 28일 오후 3시, 서문 밖 비문여교에서 김순애가 '여자청년회의 직책'이란 제목으로 연설했는데 학생 100여 명이 참석했다.

제5회 3월 28일 오후 4시, 서문 강소교육회에 개최된 가정개량대교제회에서 김순애는 '한국독립과 세계평화의 관계 및 한·중 양국의 병진할

『신한청년』 창간호(1919년 12월 1일자)

필요'에 대해 연설했다. 청중은 남녀 200명으로 사회의 주요한 지위를 가진 이들이 많았다고 한다. 연설을 마친 후에는 신한청년당에서 발행하는 잡지 『신한청년』 100권을 팔았다. 사회자는 "한국이 망했다 하나 실은 망함이 아니라 잠간 연단 중에 있을 뿐이라" 했고, 김순애는 "9년 전에 중국에 건너와서 일천만 한국 여자를 대신해 한·중 양국의 제휴를 도모하고 있다" 하니 청중이 손뼉을 치며 '김순애를 동포로 인정'하며 호응했다.

제6회 3월 30일 오후 2시, 청둥여학사城東女學社에서 김순애가 연설하기를 "한국독립운동에 학생의 활동이 치열"했으며, "일본 물건 배척[日貨

排斥]이 시베리아[西比利亞]에서는 성공하고 중국에서는 실패한 원인"을 말하니 청중이 눈물을 흘리며 더욱 굳은 결심을 가지기로 약속했다. 중화민국과 대한민국의 만세를 합창한 후 김순애가 "나를 동포로 인정하느냐"고 물으니 70여 명의 학생 일동이 창가로 화답했다. 김순애는 연설을 마친 후 『신한청년』 20여 권을 팔았다.

제7회 4월 3일, 육가방직업남학교에서 김순애가 '한국독립운동과 일본인의 만행'과 '일본 물건 배척(일화배척)'이라는 주제를 가지고 선전연설을 했다. 학생 250명, 공립무본학교 대표 5명이 참석했다.

김순애를 비롯한 여성 독립운동가들이 중국인들에게 연설과 함께 『신한청년』을 판매한 것은 한국의 상황을 보다 자세하게 알리면서 판매수익도 거둘 수 있기 때문이었다.

상하이에서 미국의원단을
맞이해 독립을 호소하다

1920년 8월, 미국의 상하원 의원들이 '동양유람단'을 조직하여 순회하는 길에 중국 상하이를 거쳐 한국 땅을 방문할 것이라는 소식이 전해졌다. 이 소식은 제1차 세계대전 종전 후 파리에서 열렸던 강화회의에 민족대표를 파견해 한국인의 독립 청원을 제출했던 일이 용두사미가 되고 3·1독립운동도 좌절되어 낙담과 실망에 빠져 있던 국내외 한국인들에게 한 가닥 새로운 희망으로 떠올랐다. 국내에서는 중앙기독교청년회 YMCA의 이상재를 비롯해 각계각층의 인사들이 대대적으로 환영 준비를 했다. 상하이 대한민국임시정부에서는 미국 의원단에게 보일 일제의 폭정 10년사 자료, 독립 원조를 위한 진정서를 만들어놓고 만반의 환영 채비를 했다. 대한민국임시정부에서는 각 단체의 이름으로 약 100벌의 진정서를 만들고 교섭위원을 선정했다. 임시정부 인사로는 정인과·여운형·여운홍·이희경, 의정원 인사로는 이유필, 기독교계 인사로는 서병호,

미국의원단 일행(『동아일보』 1920년 8월 26일자)
1920년 8월 24일 남대문역(서울역)에서 촬영한 사진이다.

대한애국부인회 인사로는 김순애가 미 의원단을 대접하는 임무를 맡았다. 상하이 대한민국임시정부에서는 안창호를 위원장으로 환영준비위원회를 조직하여, 의원단이 중국에 머무는 동안 진정서를 비롯해 한국 헌법과 한·일 관계에 대한 책자를 전달했다. 만주의 광복군 총영에서는 미 의원단이 서울에 도착하면 관공서를 폭파할 계획을 세웠으나 성공하지 못했다. 미 위원단이 서울에 도착하자 기독교청년회관에서 환영대회가 열렸는데, 일본 경찰의 방해로 해리스 의원만이 참석했다.

미 의원단은 원래 관광을 목적으로 상원의원 3명, 하원의원 39명, 그 가족 74명 등 110여 명으로 구성된 '동양유람단'이었기에, 극동의 정황

에 대한 정치적 시찰과는 거리가 멀었
다. 제1차 세계대전 종전 뒤 미국 윌슨
대통령이 주창했던 민족자결주의도 하
나의 미사구호에 지나지 않았고 또 파
리 만국평화회의도 전승 강대국들의 식
민지 재분할을 위한 모임에 지나지 않
았던 것으로 드러났다. 그런데도 조국
광복에 애태우던 한국인들은 미 의원단
의 방문에 지나친 기대를 걸었다. 민족
독립을 위해 한 가닥 지푸라기라도 잡
고 싶은 심정에서 나온 반응이었다.

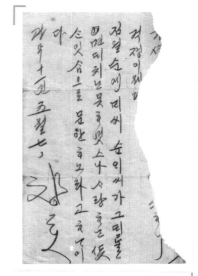

도산 안창호가 김순애에게 보낸 편지

　　상하이에는 한국인 기독교인들을
중심으로 교회가 운영되었다. 1920년
말 1921년 초, 183명의 교인이 있었는데 이 가운데 세례교인이 121명
이었고 직원으로 임시목사 1명, 집사 2명 외에 권찰 4명, 위원 6명, 학
교 재학생이 남녀 13명이었고 구미에 원행한 이가 남녀 20명이었으며
사망자가 1명이었다. 1921년, 집사 2명과 권찰 1명을 증원하기로 하여
직원이 다시 선임되었다. 그 결과 목사로는 김병조가 재임하게 되고 집
사로는 전임 김태연·한진교가 재선되었으며 선우혁·김순애가 새로 임
명되었다.

　　김순애는 상하이 망명생활 초기부터 교회 집사를 맡았을 정도로 교
회 일에 열심이었다. 이후 난징에 살 때도 김규식·김순애를 따라 가족

모두가 교회에 출석했다. 해방 이후 귀국해서도 김순애는 새문안교회에 열심히 나갔다. 아들 김진동(일명 필립)의 회고에 따르면, 기독교인으로서 김규식이 독실한 신앙생활을 유지했던 것은 부인 김순애에게 받은 영향이 컸다. 김순애는 기독교 신앙을 굳건하게 실천하는 독실한 기독교인이었다. 김순애가 독립을 향한 기약 없는 망명생활의 고달픔과 불안을 극복하고 버틸 수 있었던 원동력은 독립을 향한 염원과 신앙의 힘에서 나온 것이었다.

국민대표회의에서
창조론을 주장하다

1921년 1월 26일 국무총리 이동휘의 사임, 5월 12일 노동국 총판 안창호 등 주요 국무위원의 사퇴가 있었고, 같은 해 5월 임시대통령 이승만이 하와이로 돌아감에 따라 대한민국임시정부는 그 기능을 상실해갔다. 독립운동계에 임시정부를 명실상부한 국민의 대표기관이자 독립운동의 최고 통솔기관으로 개편하기 위한 국민대표회의 소집이 중요하고 긴급한 문제로 떠올랐다. 안창호는 노동국 총판을 사퇴한 1921년 5월 12일, 상하이 3·1당에서 열린 유호留滬(상하이)동포연설회에서 '국민대표회의' 소집을 공식적으로 제안하고 그 촉성기관으로 '국민대표회기성회'를 발기했다. 6월 6일 정식으로 국민대표회기성회를 출범시켜 본격적으로 국민대표회의 소집 준비 작업에 들어갔다.

　1921년 여름 상하이에서 조직된 국민대표회기성회에서는 위원 30인을 선거해 준비사항을 협의하도록 했다. 1922년 4월 20일 오후 7시

모이당 전경(국사편찬위원회 김광재 촬영)
앞쪽 흰 건물(현재 양지반점 호텔)이 상하이 임시정부 시기 독립운동가들의 집회 장소로 활용되었던
옛 모이당 자리이고, 그 뒤에 보이는 교회 건물이 현재의 모이당(1931년 완공)이다.

30분 모이당基督堂에서 총회를 개최하여 그동안의 상황을 보고하고 결원된 위원을 보선했다. 이때 김순애는 '국민대표회기성회' 신임 위원으로 선출되었다.

그런데 이즈음 태평양회의 개최 소식이 알려지면서 상하이는 물론 만주·노령·미주 등의 민족주의 계열 인사들이 '태평양회의'에 참여했다. 이에 대항해 1922년 1월부터 모스크바에서 '극동 피압박민족 대회(극동인민 대표회의)'가 개최되어 사회주의 계열 인사들이 대거 참여했다. 이 과정에서 국민대표회의 소집이 지연되었다. 그러나 1922년 2월 초 두 회의가 한국독립 문제에 대한 가시적 성과 없이 끝나자, 국민대표회의 개최 준비가 본격적으로 진행되었다.

1923년 1월부터 5월까지 상하이에서는 대한민국임시정부의 방향과 위상을 고민하며 '국민대표회의'가 개최되었다. 1923년 1월 31일 오후 2시 개최된 국민대표회의 개막식에는 김마리아가 참석해 개막 연설을 했다. 김마리아는 국내에서 3·1운동 및 비밀리에 대한민국애국부인회를 조직하여 대한민국임시정부에 독립운동자금을 보내고 국내 파견 요원을 지원하는 등 독립운동을 하다 투옥되었다. 악형과 고문으로 죽을 지경에 이르러 병보석으로 가석방되었고, 병원 입원 치료 중에 탈출해 중국에 머물며 요양하던 중이었다. 개회식에서는 국민대표회의 주최로 '순국선열을 위한 추도제'가 거행되었다. 김순애는 정학수 여사와 함께 추도가를 병창해 추도의 분위기를 북돋았다.

국민대표회의에는 김순애와 김마리아 등 여성 대표들도 참석해서 활동했다. 김마리아는 국내 대한민국애국부인회 대표 자격으로, 김순애는 상하이 대한애국부인회 대표로 참석했다. 이 외에도 연해주 소녀단 대표 정학수, 연해주 애국부인회 대표 윤보민도 참석했다.

김마리아는 김순애의 첫째 오빠 김윤방의 막내딸로, 1919년 3·1운동으로 투옥되었고, 출옥 후 대한민국애국부인회를 재건해 회장으로 추대되었다. 대한민국애국부인회 조직 확대 작업에 들어가, 서울·대구를 비롯하여 부산·전주·진주·평양·원산 등 남북한 15개 지역에 지부를 설치했고, 2,000여 명의 회원을 확보했다. 국권회복을 목표로 대한민국임시정부의 독립운동을 지지하고 후원하기 위한 구체적 방략으로, 비밀리에 독립운동 자금을 모아 그해 11월까지 6,000원의 군자금을 상하이 대한민국임시정부에 전달하는 성과를 올렸다. 조직원의 배신으로 11월

김순애의 조카 김마리아
(『동아일보』 1920년 6월 9일자, 3면)

28일 김마리아를 비롯한 임원진 등 52명이 일본 경찰에 체포되어 대구의 경상북도 경찰국으로 압송되었다. 대구지방법원과 복심법원에서 3년형을 선고받아 1921년 6월 21일 경성고등법원에서 형이 확정되었다. 이 과정에서 회장 김마리아는 여성 독립운동의 핵심인물로 지목되어 일본 경찰의 고문과 악형을 당했다. 이후 병보석으로 세브란스병원에 입원해 치료받으면서 중국 망명을 계획했다.

김마리아는 1921년 7월 10일 동지와 선교사의 도움으로 탈출해, 약 1개월간의 여행 끝에 8월 초 중국 상하이에 도착했다. 김마리아는 상하이에서 첫째 고모 김구례와 셋째 고모 김순애의 도움으로 고문 후유증을 치료하며 건강 회복에 힘썼다. 건강이 어느 정도 회복되자 난징 진링대학에 입학해 일본에서 못다한 공부를 계속하는 한편 상하이 대한애국부인회에 참여해 활동했다. 또한 대한민국임시의정원 황해도 대의원으로 선출되기도 했다. 의정원 의원은 오늘날의 국회의원에 해당하는 직책이다.

국민대표회의에서는 기존의 임시정부를 해체하고 독립운동의 최고영도기관을 재창출하자는 창조파創造派와 현재의 임시정부를 확대 개편하자는 개조파改造派로 나뉘어 논쟁을 거듭했다. 이 논쟁에서 김순애는 창조파였던 반면, 김마리아와 상하이 대한애국부인회의 다수 회원들은 대한민국임시정부를 지지하며 개조론을 견지했다. 김순애는 상하이 대한애국부인회 대표로 국민대표회의에 파견되었음에도, 상하이 대한애국부인회의 공론인 개조론에 따르지 않고 창조론을 지지했다.

이에 상하이 대한애국부인회에서는 임시총회를 열어 국민대표회의에 파견할 대표를 김순애에서 오의순으로 바꾸는 문제에 대해 많은 토론을 거쳐 결국 대표를 바꾸기로 가결하고, 자격심사위원의 보고 후 김순애를 대표에서 사면시키고 오의순을 후계 대표로 선출해 인준했다. 이로써 상하이 대한인애국부인회는 오의순이 대표가 되어 개조파를 지지한다는 입장을 분명하게 표명했다. 대한민국임시정부의 미래와 독립운동 방략에 대한 의견이 분분한 가운데, 상하이 한국 여성계 다수가 임시정부를 옹호하며 개조론을 지지했다. 그러나 김순애는 대한애국부인회 회장직에서 사면되면서까지 창조론을 지지하며 자신의 입장을 고수했다.

국민대표회의에서는 대표들이 모여 시국 문제에 대한 토론을 벌였는데 애국부인회 대표로 참석했던 김순애와 김마리아도 각자 발언을 통해 자신의 견해를 밝혔다. 김마리아는 3월 8일 국민대표회의에서 대한민국임시정부의 법통을 고수하고 유지할 것을 강력히 주장했다.

… 국내의 일반 인민은 상하이에서 정부가 설립되었단 말을 듣고 소수인의 조직이거나 인물의 선·불선을 불문하고 다 기뻐하며 금전도 아끼지 않고 적의 악형도 무서워하지 않았다. 설혹 외지에서 정부를 반대하던 자

라도 국내에 입하여 금전을 모집할 시는 정부 명을 파는 것을 보아도 국내 동포는 정부를 믿는 증거이다. 정부를 안 팔면 밥도 못 얻어먹는다. 적은 가끔 정부 몰락을 선전하여도 인민은 안 믿는다. 소수로 됨은 혁명시의 불가면의 사요 인물은 변경할 수도 있다. 수만의 유혈로 성립되어 다수 인민이 복종하고 5년의 역사를 가진 정부를 만일 말살하면 소수는 만족할지 모르나 대다수는 슬퍼하고 외인은 의혹하겠다. 잘못된 것이 있으면 개조하자.

이와 반대로 국민대표회의 시국 문제 토론에서 창조론을 주장했던 김순애의 발언은 다음과 같다.

… 통일하려고 선서한 일이 장쾌하다 목적은 같으나 방법이 다르다. 나는 계통을 주장하려다가 창조라도 할까 하였다. 개조도 어렵고 창조도 어려우나 딴 기관을 또 세우면 좋겠다.

대한민국임시정부의 지도력에 의문을 제기하며, 독립운동을 효율적으로 이끌어갈 통일 조직을 다시 창설하자는 주장이었다. 여성 동지들 사이에서, 심지어 김순애와 김마리아처럼 같은 집안에서도 대한민국임시정부에 대한 시각과 독립운동 방략에 대한 견해가 둘로 나뉘어 있었음을 알 수 있다.

국민대표회의는 6월 7일, 개조파 대표 50여 명이 불참한 가운데 창조파 대표 40여 명만으로 회의를 열어 국무위원 33인과 집행위원을 선정하고 폐회했다. 이에 대해 개조파는 57명 연서로 성명서를 내고 창조파의 국무위원 선정과 새 기관 조직에 반대를 표명했다. 결국 국민대표회의는 독립운동 제 세력의 화합과 통합을 이끌어내지 못하고 서로 상처만 남긴 채 끝났다.

망명생활 가운데
가족의 생계를 꾸려가다

상하이에 사는 동안, 1923년 장녀 한애韓愛, 1924년 차녀 만애晩愛, 1925년 삼녀 우애尤愛가 태어났다. 그러나 만애는 1927년 세 살의 나이로 병사했고, 한애는 1930년 여덟 살의 나이로 세상을 떠났다.

상하이 임시정부가 내분으로 침체된 후 1924년 소련에 건너갔던 김규식은 1925년 소·일 밀약에 따라 소련에서 축출당했다. 약소민족 해방 운운하던 소련이 자기의 이익을 위해 한국인 독립운동가들을 추방했던 것이다. 독립운동의 여건은 약화되었고, 김규식은 정치활동을 중단했다. 상하이 프랑스 조계에 살면서 푸단대학復旦大學과 다른 대학들에서 영문학 강의를 맡았지만 오래가지 못했다. 프랑스 조계 밖에 위치한 대학으로 출퇴근하면서 일본 경찰의 추적과 체포 위험에 노출되기 쉬웠고, 뇌수술 후유증으로 때때로 졸도하여 교수생활에 지장이 있었기 때문이었다. 김순애는 김규식이 프랑스 조계 밖에 있는 대학에 출퇴근하는 길에 일본 경찰의 눈을 피해 아슬아슬하게 벗어난 적이 몇 번이나 있었다고 회고했다.

이러한 상황에서 가족의 생계는 김순애가 담당했다. 닥치는 대로 일을 했다. 남의 삯바느질도 했고 동지들의 세탁도 맡았다. 하숙도 치고 가르치기도 했다. 가장 오랫동안 종사한 일은 와이셔츠 제조업이었다. 상하이에 거류하던 한국 여성 5~6명을 집에 데려다 놓고 와이셔츠 공장을 차렸다. 영어에 능숙한 한국인 청년을 상하이 미국인 상사들에 보내 와이셔츠 주문을 맡아오게 했다. 김순애가 감당하지 못할 정도로 주문이 들어와 수입이 상당했다. 당시 대학교수 월급이 은전 200원 정도였는데, 그 정도는 문제없이 벌 수 있었고 그 이상의 수익을 올렸다.

한편으로 김순애는 만성 위장병과 소화불량증, 간질병이 있는 김규식의 건강 상태, 끈질긴 일본 경찰의 추적과 체포 위험에 대한 걱정으로 형용할 수 없는 심적 고통을 겪었다. 김규식이 대학에 출근하거나 외출하면, 남편의 안전이 염려되어 늘 안절부절했다. 겪어보지 않은 사람은 짐작하기 어려운 고통이었다. 김규식은 소화불량증 때문에 30~40년 동안 외식을 할 수 없었고 친지들 집에서의 대접도 일체 받을 수 없었다. 꼭 부인 김순애가 준비해서 주는 음식만 소화할 수 있었다. 김순애는 매일 하루 세 번씩 남편을 위한 음식 준비에 각별한 신경을 써야 했다. 김규식은 "내가 오늘 살아 있는 것은 나의 마누라의 덕이다"라고 말하곤 했다.

김순애와 김규식은 아이들을 데리고 상하이를 떠나 톈진天津으로 이사했다. 이미 1925년 즈음 김순애의 언니 김구례와 형부 서병호가 톈진으로 옮겨 살고 있었던 점도 작용했을 것이다. 독립운동이 침체되어 있는 동안 김규식은 무역 등 사업을 몇 차례 시도했으나 매번 실패했다.

텐진에서 김순애 가족은 비교적 안정된 생활을 영위했다. 김규식이 4년간 베이양대학北洋大學에서 교수로 근무하는 동안 가족들은 대학 구내에 있는 사택에 살았다. 일본 경찰도 그리 귀찮게 따라다니지 않았다. 그곳 풍습대로 남녀 하인과 식모도 있어서 아이들 양육과 가사에 도움을 받을 수 있었다. 그래도 여전히 남편을 위한 음식은 김순애가 손수 만들어야 했다. 김규식이 위장병과 소화불량 때문에 외식도 하지 않았을 뿐 아니라 식모가 준비한 음식도 일체 입에 대지 않았기 때문이다. 때문에 텐진에서 사는 동안 1928년에 아들 진세鎭世가 태어났다. 그리고 1930년에는 장녀 한애가 세상을 떠났다.

한인여자청년동맹을 결성하다

1923년의 국민대표회의가 결론 없이 끝나면서, 여전히 상하이 대한민국임시정부가 독립운동의 지도적 역할을 이어갔지만 경제적 지원이 거의 끊긴 상태에서 그 활동은 미미했다. 임시정부가 독립운동은 고사하고 경제적 어려움으로 존립이 위태로운 상황에 이르자, 안창호가 나서서 임시정부를 경제적으로 돕는 경제후원회 조직을 제안했다. 김순애는 국민대표회의에서 임시정부의 해체와 새 조직의 결성을 주장하는 창조론을 지지했지만, 당면한 상황에서 대한민국임시정부를 돕는 활동으로 독립운동을 이어갔다.

상하이에 거주하는 한인동포 200여 명은 1926년 7월 19일 삼일당에서 대한민국임시정부를 경제적으로 지원하기 위한 경제후원회를 조직해 창립총회를 개최하고 사업 진행에 대한 여러 가지 사항을 결의한 후 위원을 선출했다. 김순애는 조마리아(안중근의 어머니) · 이의순(대한애국부인회 회장 역임)과 함께 경제후원회 준비위원으로 선출되었고, 총회에서 경제후원회 위원회 위원(위원장 안창호, 9인 위원 가운데 유일한 여성)으로 선출되어 임시정부 재정 후원 활동에 참여했다. 임시정부 경제후원회 조직의 취지서는 다음과 같다.

마굴수역魔窟獸域(마귀과 짐승이 있는 소굴, 일본의 압제하를 의미함 - 이하 필자 주)에 용감한 혈전을 단행하고 첩풍고우悽風苦雨(모진 시련과 역경) 속에서도 국가의 운영을 지속하는 것이 대한민국 민족의 독립정신이다. 이 얼마나 위대하고 비장한 것인가?

우리가 눈을 떠 고국을 바라보며 고개를 숙이고 한번 생각할 때, 피눈물을 흘리며 통한으로 가슴을 치는 적개심과 충성 및 용감과는 구별되는 천식을 되돌아볼 때가 아니다.

8년의 풍상으로 무한한 고통과 정력을 소진하고 밖으로는 적과 대립하고 안으로는 민중을 통솔하여야 하는 임시정부는 바로 우리 운동의 결정체이다. 시간이 지남에 따라 일반 민중은 나날이 그 장엄한 정신을 신성하게 여기게 되고 누구나 이를 지원하고 호응하는 데 이의가 없을 뿐만 아니라, 모두의 나아갈 바가 모두 여기에 집중되는 것은 사실이다. 오늘날 법규의 ○○이나 인물의 ○○으로 인하여 다소 논쟁이 일어 일시적인 감정을 야기하였다고 해도 커다란 문제는 아니다. 우리의 현실을 위하여 적어도 주저하는 정부에 대한 충성과 애정의 향배는 바로 우리 신국민의 인격 문제이다.

우리 정부가 우리 민중의 공공기관인 것이나 단체 및 개인의 사리사욕을 위하여 존재하는 것이 아니라는 것은 우리가 공인하는 바이기 때문에, 정부에 대한 국무의 충용忠勇과 의무는 적어도 변하지 않는 것이 문명국민이 가져야 할 가장 기본적인 자세이다. 당국자의 인격 여하와 책임 여부에 대하여는 별도로 스스로 해결의 경로가 있기 때문에 결코 편파적인 감정이나 애정으로 스스로 그 충성을 포기하는 비국민적 행동을 감행하여서는 아니 된다.

현재의 정황으로 볼 때 행정상 가장 필요한 사업비는 차치하더라도 경상비까지 여유가 없으며 당당한 2천만 민중의 대표기관인 우리 정부가 이러한 처지에 이르게 된 것은 우리가 개탄해야 할 바가 아닌가? 우리가 숨을 쉬며 존속하는 날까지 절대적으로 우리가 해야 할 의무는, 적어도 본인 등이 본회를 창립한 것은 한편으로는 동포의 반성을 촉진함과 동시에 먼저 정부의 소재지인 곳에서 적극적인 후원을 실행하고자 하는 바이다. 따라서 법정 인구세를 납입하는 것 외에 매년 1원 이상 무제한으로 각자에게 맞는 금액을 바쳐서 우리 신국민의 열렬한 충성을 표현하고 이와 같은 위대한 정신이 확산됨에 따라 우리의 운동실력은 점차 확장되어 사업이 한층 팽창되기를 바라는 바이다. 동포들이여, 다 함께 동참하자.

당파를 떠나 국내외 한국인의 공적 기관이자 독립운동을 수행하는 대표기관인 임시정부를 금전적으로 적극적으로 도와야 한다는 취지였다. 김순애는 안창호·엄항섭·송병조와 함께 대한민국임시정부 경제후원회를 발족했고, 세탁과 바느질 등 온갖 일을 하고 획득한 수입을 모아 임시정부에 헌납하여 경상비 등 재정에 보태 쓸 수 있도록 했다.

1930년 8월 이의순(이동휘의 차녀, 오영선의 처)과 조봉원(김두봉의 처) 등은 기존의 한인부인회를 더욱 급진적인 조직으로 개조해 한인여성동맹을 만들자는 논의를 했다. 그러나 상하이 지역 여성조직에 분열을 가져올 수 있다는 우려가 있어 김구 등의 중재로 젊은 여성들을 중심으로 상하이 한인여자청년동맹이 조직되었다.

1931년 중국 만보산 사건(중국인 농부와 한국인 농부 사이에 일어난 분쟁)으로 중국인의 한국인·일본인 배척, 국내에서 한국인의 중국인 배척이 심화하면서 한국인과 중국인 간에 적대적 분위기가 팽배했다. 이에 상하이 거류 한국인들은 한인조직연합회를 결성해 당시 국내에서 발생한 중국인 배척이 일본인이 고의로 사주한 것임을 중국 여론에 호소하고자 했다. 한인조직연합회에는 여러 단체가 참가했는데, 여성 대표로 한인부인회의 강영파와 대한애국부인회의 오의순이 참가했다.

1931년 만주사변에 대하여 중국을 후원하고 일 제국주의 타도를 위한 선전 공작과 대책을 협의하기 위해 상하이에 거류하는 한국인의 각 단체 대표회의가 소집되었다. 여성 대표로는 한인여자청년동맹 대표 연충효(엄항섭의 부인)와 한인애국부인회 대표 최혜순(김철의 부인)이 참가했다. 이들 대표들이 모여 상하이한인각단체연합회를 조직하고, 최혜순이 회계를 맡았다. 활동에 필요한 회비 징수를 위해 상하이를 3구로 나누어, 애국부인회·여자청년동맹·독립청년동맹이 상하이한인각단체연합회 명의로 의연금을 징수하기로 했다. 여성단체들이 의연금 모금활동에 큰 역할을 담당했다. 이처럼 1931년 만주에서 권리와 이권을 확보하기 위한 한·중·일의 갈등이 폭발한 만보산 사건, 일본군의 노골적인 만주 침략이 시작된 만주사변이 일어났지만, 재중 한국교포들로 구성된 각 한인 단체들은 연합하여 시국에 재빠르게 대처하고 대응하는 모습을 보였다. 여성단체도 연합전선에 참여해 적극적으로 활동했다.

1931년 한인애국부인회 대표 최혜순이 상하이한인각단체연합회의 회계를 맡게 되면서, 11월부터 오의순이 한인애국부인회 회장을 맡았다. 1932년 상하이 한인애국부인회의 집사장은 오의순, 집사는 최서경·최덕행·김현숙·정리환이었다. 상하이 한인애국부인회는 1932년 상하이 사변으로 중국과 일본이 격전 중일 때 19로군 부상병에게 위문품을 보내는 등의 활동을 했다.

상하이 한인여자청년동맹은 한국독립당 산하의 여성 독립운동단체로 좌파 여성운동세력을 견제하는 역할을 했다. 1932~1934년 즈음 김순애는 한인여자청년동맹 집행위원으로 선임되어 한국독립당과 대한민국 임시정부의 독립운동을 측면에서 지원했다. 한인여자청년동맹의 위원장은 김구경, 위원은 김순애·연충효·박영봉·이운선이었다. 한인여자청년동맹은 1930년 조직 초기에 고문제로 운영되었으나, 1932년 말 위원 합의제로 변경되었다. 1933년에는 '제14주년 3·1기념에 제하여'라는 제목으로 '친애하는 혁명동지 각위에게'라고 시작하는 한글 전단을 배포했다.

1932~1934년, 김순애는 대한애국부인회 회장과 집사장을 역임했음에도 대한애국부인회 소속으로 활동하지 않고, 새로 조직된 한인여자청년동맹 소속의 집행위원으로 활동했다. 이는 1923년 개최된 국민대표회의에서 대한애국부인회의 공론인 개조론(임시정부의 존속과 개혁)을 따

르지 않고 자신의 견해인 창조론(임시정부의 해체와 새 통일조직의 결성)을 주장하면서 대한애국부인회 총회에서 회장직을 박탈당하고 오의순이 회장에 선출되었던 일과 무관하지 않아 보인다.

　김순애가 임시정부와 관련을 가지고 한인여자청년동맹 소속으로 독립운동을 재개한 것은 남편 김규식의 행보와 밀접한 관련이 있다. 김규식이 임시정부 학무부장 자리를 떠난 것이 1921년이고, 김규식과 김순애가 국민대표회의에서 창조론을 주장하면서 임시정부 및 대한애국부인회와 멀어진 것이 1923년이었다. 그러다가 1932년 윤봉길 의거로 독립운동이 활기를 띠기 시작하면서 김순애·김규식 부부는 임시정부에 함께 복귀했다. 김규식은 1932년 11월 임시정부 국무위원으로 피선되어 1935년 10월까지 국무위원으로 활동했다. 김순애 역시 이 시기에 한인여자청년동맹 간부로 활동을 재개했던 것이다. 그러다가 1935년 김규식이 쓰촨대학四川大學 교수가 되어 쓰촨성四川省 성도로 옮겨가면서, 두 사람은 다시 임시정부 및 조선민족혁명당과도 멀어지게 된다.

난징에서 쓰촨성 성도로 이동하다

1932년 윤봉길 의사의 의거로 상하이 임시정부 요인들이 체포 위험에 노출되었다. 안창호가 일본 경찰에 체포되었고, 임시정부 요인들은 항저우杭州 등으로 뿔뿔이 흩어져 피신했다. 이즈음 김순애와 김규식 가족은 난징으로 이사를 갔다. 이 시기 김규식은 의열단 단장 김원봉과 가까이 지냈는데, 김원봉은 중국국민당의 지원을 받아 난징에 한국인을 위한 중앙정치군사간부학교(국민당 군사위원회 특별간부훈련반 제6지대, 일명 난징 군관학교)를 개교했다. 김규식은 이 학교의 교관으로 활동하며 독립운동을 수행할 인재를 양성했다. 국민당 정부에서 김규식의 신분을 보장하기로 되어 있어서 간 것이었다.

난징에서도 김순애와 김규식은 가족들과 함께 늘 교회에 나가며 신앙생활을 했다. 그러나 중국에서 일본의 세력이 점차 강해지면서 일본 형사들이나 밀정들의 활동이 활발해졌고, 부득이 교회에 나가는 것도 그만두어야 했으며 행동에도 많은 제약을 받았다. 가족들은 시내 구석에 살았는데 낯선 사람이 다녀도 이상하게 생각했고 비상한 경계심을 가지게 되었다. 이 시기 김규식은 일본 경찰의 감시를 피하고자 자신의 이름을 여일민余一民으로 바꾸었다.

1935년 김규식은 김원봉이 주도하는 조선민족혁명당의 주석으로 추대되었지만 곧 쓰촨성 청두成都로 이사했다. 난징 중앙간부학교에서 김규식에게 좀 더 안전한 곳으로 갈 수 있도록 청두 쓰촨대학 교수 일자리를 알선해주었기 때문이다. 덕분에 이시기 김순애와 가족들은 비교적 여유가 있고 안정된 생활을 할 수 있었다. 게다가 1937년 중일전쟁이 일어나기 전에 쓰촨성에 가 있었기 때문에 다른 독립운동가들, 임시정부 요인들과 가족들처럼 일본군을 피해 피난길에서 옮겨 다니는 고생을 겪지 않아도 되었다.

조선민족혁명당 중앙위원 및
감찰위원으로 활동하다

1937년 중일전쟁을 계기로 중국 국민당과 대한민국임시정부는 일본이
라는 공동의 적에 대항하며 동지의식을 갖게 되었고 중국 국민당은 대
한민국임시정부에 대해 적극적으로 경제적 지원을 하게 되었다.

중일전쟁 전 임시정부 요원들은 각자 능력을 살려 생업에 종사하며
생활비를 해결했고, 각자의 수입 가운데 일정 부분을 헌납해 임시정부
의 활동비로 쓰도록 했다. 그러나 중일전쟁의 발발과 일본군의 중국 본
토 침략으로 안전한 곳을 향해 이동해야 했고 임시정부 요원과 그 가족
들도 임시정부를 따라 이동하며 피난생활이 시작되었다. 거주지를 떠
나 피난을 다니면서부터는 타국에서나마 누리던 정상적인 삶이 불가능
해졌다. 일자리도 없어져 가족의 생계를 유지할 수입도 없었다. 생계 수
단을 잃고 중국 대륙을 떠도는 임시정부 요원과 가족들에게는 독립운동
자금으로 쓰라고 보내준 미주교포들의 성금과 중국 국민당 정부의 지원

금, 그리고 몇 십 가마씩의 쌀이 유일한 수입원이었다.

충칭重慶의 한인교포들은 대부분 대한민국임시정부 요원과 그 가족들이었다. 임시정부 요원으로 업무를 수행했던 이들은 오늘날의 공무원에 해당된다고 볼 수 있다. 임시정부는 이들에게 월급을 지급하는 한편 국민당 정부가 지원해준 현미를 배급해주었다. 임시정부는 한인교포의 인구대장을 작성하고 중국 정부와 교섭해 인구비례에 따라 단체 분량으로 한꺼번에 식량을 배급받아 교포들에게 분배했다. 반찬비 등은 돈으로 지급해주고 물장수가 길어온 물을 식수로 사먹었다.

한편 배급받은 평가미平價米는 일반미에 비해 질이 많이 떨어졌다. 더구나 쌀을 무게로 달아 정량만큼만 배급했던 까닭에 일부러 쌀을 빼고 대신 물을 부어 무게를 늘리는 경우가 많았다. 이 때문에 흔히들 살짝 발효된 쌀을 먹게 되었다. 이 정도라도 국내의 동포들이 먹던 보리나 좁쌀보다 훨씬 나은 편이었다고 한다. 임시정부 요원 및 그 가족들은 피난하며 이동 중이거나 충칭에 정착한 후에도 중국 정부에서 주는 양곡 덕분에 끼니 걱정을 하지 않고 살 수 있었다. 또한 충칭 임시정부 시기의 임시정부 요원 및 가족들은 일본군에게 체포될까봐 마음 졸일 필요가 없어서 망명생활 중 제일 안정된 생활을 할 수 있었다. 김구는 당시 충칭의 한인교포들이 중국 중산계급 정도의 생활 수준을 유지했다고 일기에 적고 있지만 물가의 급격한 인상에 따른 어려움은 피할 수 없었다.

대부분의 임시정부 요원들은 1937년 중일전쟁 발발 이후 거주지를 떠나 피난을 다니면서 직업을 잃어버리고 배급에 의존해야 했다. 유창한 영어 실력 덕분에 1935년부터 쓰촨 청두대학에 교수로 취직해 스스로 생계를 영위할 수 있었던 김규식의 경우는 예외적인 사례였다. 덕분에 김순애는 가족의 생계 걱정을 하지 않아도 되었다.

1931년 만주사변을 기점으로 중국 침략을 본격화하는 일본에 맞서, 만주·베이징·상하이 등의 일부 독립운동가들은 분열된 해외독립운동 진영의 통일과 항일 역량의 규합을 위해 1932년 10월부터 상하이에서 김원봉의 조선의열단을 중심으로 여러 차례 준비회의를 갖고 한국대일전선통일동맹을 조직했다. 한국대일전선통일동맹은 베이징에서 활동하던 김규식, 남만주의 조선혁명당 최동오가 상하이로 와서 한국독립당의 이유필과 접촉해 발의되었다.

여기에 조선의열단·한국혁명당·한국광복동지회 등 총 5개 단체가 합작했고 그다음 대한독립당, 미주의 대한독립당·대한인국민총회·뉴욕대한인교민단·하와이대한인국민회 6개 한인단체가 추가로 가맹하여 총 9개 단체가 참가했다. 일본군이 상하이를 침공하자, 한국대일전선통일동맹은 활동무대를 난징으로 옮겼다. 한국대일전선통일동맹은 애초에 각 단체 간의 연락 및 협의기관이라는 조직적 제약이 뚜렷했기 때문에 한국독립세력의 통일기관이 되기에는 한계가 있었다. 따라서 김원봉을 비롯한 조선의열단 인사들을 중심으로 '통일동맹'을 기초로 한 새로운 정당조직의 필요성이 제기되었다.

1935년 6월 29일 신당 창립총회가 개최되었고, 7월 5일 조선의열단·한국독립당·신한독립당·조선혁명당·대한인독립당이 연합한 한국민족혁명당이 조직되면서 김규식이 주석에 추대되었다. 그러나 한국민족혁명당 결성의 모체가 되었던 단체들이 표면적으로만 해체 성명서를 발표하고 실제로는 여전히 독자적 대외활동을 이어간 데다 혁명노선의 차이로 결성한 지 7개월 만에 조직 내에 분열이 생기기 시작했다. 이 분열은 구성원 간의 사상적 차이와 함께 독립운동 방략의 차이에 대한 갈등, 양대 세력인 김원봉·지청천 양파의 대립에서 파생된 결과였다. 특히 김원봉파인 조선의열단의 전횡과 독단이 문제가 되었는데 그 결과 한국독립당의 박창세·조소앙, 신한독립당의 민병길·조성환·홍진 등이 1935년 9월 전후 탈당해 한국민족혁명당의 세가 크게 저하되었다. 주석을 맡았던 김규식도 1935년 난징을 떠나 청두로 옮겨갔다.

당 잔류 인물들은 1937년 1월 난징에서 대표대회를 개최해 조직명을 '조선민족혁명당'으로 개명하기로 결의하고 김원봉·지청천·윤기섭·성주식·신익희·윤세위·김상덕·최동오·천병일·유동열·김홍서·이경산·정팔선·정일봉 등을 위원으로 선출했다. 그러나 1937년 3월 청당淸黨과 당적 제적 등의 갈등 속에서 지청천 일파가 '조선혁명당'을 결성하여 탈당하자 김원봉의 조선의열단이 조선민족혁명당을 독점하는 상황이 되었다. 루거우차오蘆溝橋 사변 이후 중국공산당의 활동에 자극받은 인사들이 김원봉의 중간적인 좌경노선을 비판하며 탈당해 '조선청년전위동맹'을 조직했다. 공산주의자 왕지연王志延 등도 탈당해 조선민족혁명당의 세력은 더욱 약화되었다.

조선민족혁명당은 당세의 약화를 만회하기 위하여 1939년부터 단일당운동을 제창했다. 1943년 2월 제7차 전당대회에서 당의 개조라는 명분으로 이전의 탈당자들, 청년전위동맹·해방동맹이 합쳐 이루어진 조선민족해방투쟁동맹, 한국독립당 통일동지회, 조선혁명당 해외전권위원회 등과 합해 대한민국임시정부의 양대 정당 가운데 하나가 되었다.

조선민족혁명당의 조직은 대표회의 중앙집행위원회 및 각 부로 되어 있다. 각 부의 책임자는 주석 김규식, 총서기 김원봉, 비서처 주임 신기언, 조직부장 김인철, 선전부장 손두환, 재정부장 성현원, 통계부장 신영삼, 미주 총지부 주석 김강, 미주 총서기 이경선 등이었다. 조선민족혁명당은 1937년 조선의열단을 중심으로 조선의용대를 결성해 항일투쟁을 전개했다.

김순애와 김규식 가족은 국제정세가 급변하고 독립운동이 활기를 띠게 되면서, 1941년 즈음 충칭으로 거처를 옮겼다. 6~7년 동안 조선민족혁명당 및 임시정부와 떨어져 살았던 김규식과 김순애는 정치활동과 독립운동에 복귀했다. 1941년에 김순애는 조선민족혁명당 중앙위원·감찰위원에 선임되어, 조선민족혁명당 중앙집행위원회 주석 김규식과 나란히 조선민족혁명당 소속으로 정치활동을 재개했다.

1941년 이전까지 조선민족혁명당은 대체로 임시정부에 반대하는 입장을 취했다. 그러나 유럽에서 폴란드·네덜란드·프랑스 등의 망명정권이 수립되고 대한민국임시정부를 한국인의 대표정권으로 인정하고 지원하려는 중국 당국의 기류도 감지되자, 대한민국임시정부 조직에 참여하자는 쪽으로 입장을 선회했다. 1942년 10월 25일 제34차 임시의정원회의에서 선전부장 김규식과 학무부장 장건상 2명이 임시정부에 국무위원으로 입각했다. 1944년 4월 제36차 임시의정원회의에서 김규식이 임시정부 부주석이 되는 등 4명이 입각하여, 조선민족혁명당이 임시정부 안에서 명실상부한 제1야당이 되었다.

1937년 중일전쟁으로 일본의 중국 본토 침략이 확산되면서 중국 국민당 정부는 충칭을 전시 수도로 정하고 그곳으로 이전했다. 이에 따라 대한민국임시정부 요인, 각 정당의 요원, 그 가족 등 한인교포들도 국민당 정부가 있는 충칭으로 이동하게 되었다. 대한민국임시정부 요원 및 가족 100여 명은 1932년 상하이를 떠나 수 년간의 피난 생활을 거쳐 쓰촨성 충칭 근처 치장棊江에 1년 6개월간 머무르다 마침내 1940년 충칭(시내와 강북 포함)과 투차오土橋에 정착했다. 1940년 즈음 중국 관내 한국인 독립운동세력들이 충칭에 집결했는데 충칭시를 가로지르는 양쯔강揚子江을 사이에 두고 스중구市中區(지금의 유중구)에는 임시정부와 한국독립당 등 민족주의 세력이, 난안구南岸區에는 조선민족혁명당과 조선의용대를 비롯한 사회주의 계열 교포들이 자리를 잡았다. 난안南岸은 양쯔강, 창강長江의 남안을 가리키는 말로 충칭시의 강 남쪽에 충칭 시내와 바로 마주보고 있는 곳을 지칭했다.

김순애와 김규식 가족은 김규식이 청두대학 교수로 부임했던 1935년부터 쓰촨성 청두에 거주했다. 1942년을 전후해 국제정세가 급변하고 독립운동이 활기를 띠게 되면서 1943년 1월, 김규식이 교수직을 그만두고 충칭으로 거처를 옮겼다. 임시정부에 다시 복귀하여, 좌우합작 성격을 띤 임시정부에 참여하기 위해서였다. 김순애·김규식이 충칭의 난안에 정착했던 것은 이들의 소속 정당이 조선민족혁명당이었던 점이 영향을 미쳤을 것이다.

1945년 초, 일본군 학도병으로 있다가 탈출한 50여 명이 충칭에 도착했다. 김준엽과 동지들은 임시정부 요인들 가운데 병으로 환영행사에 참석하지 못한 김규식을 만나보고 문안인사를 하기 위해 김규식의 집을 방문했다. 이때 청년들이 김규식에게 무슨 병이 있냐고 묻자 김규식은 "나에게 무슨 병이 있느냐고 묻지 말고, 무슨 병이 없느냐고 물어라"고 대답했다고 한다. 김규식의 지병과 건강상태는 출입할 때 반드시 부축을 해야 할 정도로 악화되어 있었다. 병약한 남편의 건강을 보살피기 위해 김순애가 얼마나 애를 쓰며 노심초사했을지 짐작할 수 있는 대목이다.

한편, 임시정부는 국민당 정부의 중국진재위원회中國振災委員會(구호기관)로부터 6만 원의 원조를 받아 투차오 동감폭포 위쪽의 한 구역에 15년 기한으로 5,000원을 내고 2,000여 평의 땅을 임대했다. 그리고 이곳에 기와집 3동을 건축하고, 도로변에 2층 기와집 1동을 매입해 임시정부 가족들이 머물 곳을 마련했다. 투차오는 치장에서 충칭 쪽으로 약 10킬로미터 떨어진 곳에 있었던 동감東坎 마을을 지칭했다. 동감마을의 행정구역상 이름은 바현巴縣 투원향土文鄉인데 흔히 투차오라고 불렀으며 충칭의 외곽지대에 위치하고 있었다. 투차오는 충칭에 비하면 주택난도 덜하고 공기와 물도 깨끗한 편이었다. 투차오에는 한인교포 10여 가구가 자리를 잡고 신한촌을 이루어 살면서 해방이 되어 귀국하기까지 5년 동안 거주했다.

투차오의 평화로운 분위기와 달리 충칭의 한인교포들은 공기와 식수도 혼탁하고 폭격으로 인명이 손실되고 건물이 파괴되는 등 불안하고 혼란스런 주거 환경에 직면해야 했다.

충칭 임시정부는 충칭 시내에서 네 번 장소를 옮겼다. 양류가楊柳街에서는 폭격 때문에 더 이상 버틸 수 없어서 스반가石版街로 이전했다. 스반가에서는 화재로 건물이 전소되는 바람에 의복까지 소실되었다. 허핑로和平路 우스예항吳師爺巷에서는 폭격을 받아 가옥이 완전히 무너져 다시 중수했다. 그러다 이곳을 임시정부 직원의 주택으로 사용하고, 임시정부 청사로는 롄화츠蓮花池에 있는 70여 칸 건물을 1년에 40만 원의 임대료를 내고 빌려서 사용했다. 이곳이 충칭을 떠날 때까지 사용했던 대한민국임시정부의 마지막 청사였다. 건물 임대료는 국민당 정부의 보조로 충당했다. 원래 이 롄화츠 연지행관蓮池行館 건물은 호텔이었는데 임시정부 청사 겸 임시정부 요원의 거주지로 개조되어 사용되었다. 이곳은 임정의 업무가 이루어지는 업무 공간이었을 뿐 아니라 단신의 임정 요인들이 기숙하는 생활 공간이기도 했다.

조선민족혁명당의 당사는 양쯔강 건너편 난안구의 쑨자화위안孫家花園 내에 위치했다. 그리고 이곳에서 멀지 않은 곳에 있었던 탄쯔스彈子石 댜오바오촌碉堡村 니자위안쯔倪家院子는 1942년 조선의용대를 중심으로 재편성된 한국광복군 제1지대의 본부로 사용되었다.

중일전쟁 중의 충칭은 일본군이 점령한 각지에서부터 관리와 인민이 중앙정부로 집중하여 모이게 되면서 평시에는 몇 만 명에 불과하던 인구가 격증하여 100만 명에 달했다. 가옥이 평시에 비해 몇 백 배나 증가되었음에도 주택난이 극도에 달해 여름에는 길거리에서 자는 노숙자가 태반이었다. 이러한 어려운 상황에서도 임시정부는 건물과 주택을 임차하고 임시정부 청사와 한인교포들의 거주지를 마련하여 업무를 수행하고 생활을 꾸려나갔다.

충칭은 지형상 양쯔강 본류와 자링강嘉陵江이 만나는 삼각주에 위치한 도시이다. 그 입지적 조건이 두 개의 강줄기가 갈라지는 곳에 있었던 까닭에 위치 식별이 간단해 시계가 확보되면 아주 쉬운 공격 목표가 되었다. 중국이 제공권을 일본에게 완전히 빼앗기면서, 장제스의 국민당 정부가 전시수도로 정하고 옮겨온 이래 충칭은 일본군의 공습으로 완전히 파괴되었다.

충칭시는 바위산(암반) 위에 전개된 도시로 노동자들이 바위를 깎아 새 도로나 새 집을 지었다고 한다. 쓰촨성에는 화강암이 적고 수성암水成岩이 많아 석재 다루기가 비교적 쉬웠고, 도시는 물론 촌락 골목까지 석재를 깔고 무덤 장식품과 가정용 기물에 석물을 많이 사용하는 등 석재 사용이 보편화되어 있었다. 충칭 시내 도처에는 고력들의 힘으로 파 놓은 동굴이 있어서 일본 비행기의 공습이 있을 때면 사람들은 이 굴 속으로 대피했다. 그러나 방공호의 수용 능력에는 한계가 있었다. 따라서 시내에 볼 일이 있는 사람에게만 방공호 출입증이 발급되었고, 방공호 출입증이 없는 사람들은 일본군의 폭격이 시작되는 매년 봄이면 아예 시외로 소개되었다.

겨울이 되면 충칭은 일본군의 공습 위협에서 잠시 벗어날 수 있었다. 매년 11월부터 다음 해 2월까지는 도시 전체에 짙은 안개가 끼어서 일본군의 공습을 거의 완벽하게 막아낼 수 있는 천연 무기가 되었다. 그래서 충칭의 인구는 늦가을부터 점차 늘어나기 시작해 120만에서 130만까지 늘어났다가 공습이 가해지는 여름이 되면 100만 명 미만으로 억제되었다. 이러한 상황은 일본이 제공권을 잃게 되는 전쟁 말기까지 계속되었다. 폭격의 위험에서 벗어나 비교적 안전한 투차오에 살던 한인교포들도 겨울이 되면 충칭에 와서 살기도 했다. 임시정부 업무를 수행하느라 충칭에 머물고 있던 가족과 함께 지내기 위해서였다. 겨울방학이라 아이들이 학교에 나가지 않아도 되고 충칭 전체에 낀 안개 때문에 일본군의 공습도 잠잠해져 가능한 일이었다.

한인교포들은 중일전쟁 발발 이후 충칭으로 이동하는 과정에서 그리고 그곳에 정착한 뒤에도 일본군의 공습과 대피가 일상생활이 되었다. 일본군의 폭격으로 충칭 시가지에 있던 많은 건물들이 불에 타고 무너져 폐허같이 되었다. 남아 있던 집들마저도 포탄 떨어질 때 나는 폭음에 몇 번이나 들렸다 놓였다 해서인지 비가 많이 내리면 집집마다 방바닥이 물로 축축히 젖어 경황이 없었다고 한다.

폭격으로 건물이 부서지거나, 폭격과 진동으로 약해져 있던 건물이 비가 오면 무너지는 경우도 많았다. 폭격에 부서지고 남은 허물어진 건물의 경우 날씨가 나빠져 광풍이 불면 기와가 날아가고 천장에서 모래비가 쏟아지기도 했다. 한인교포들은 살던 집은 성한 건물이 아닌데다 이리저리 지붕만 막아놓고 살던 형편이었음에도 그나마 건물이 무너지지 않은 것을 다행으로 여겼다. 이렇게 한인교포들은 날씨가 좋을 때는 공습과 폭격을 걱정하고, 광풍이 불거나 큰 비가 오면 집이 무너질까 걱정하며 살았다.

1944년 미국의 클레어 첸놀트Claire Lee Clzennault 장군이 의용항공대인 제14항공대, B-29 폭격기와 무스탕 전투기 편대를 이끌고 쿤밍昆明비행장에 도착해 중국을 지원하면서, 중국은 다시 제공권을 되찾게 되었다. 이후 일본군의 충칭 폭격이 중단되어 여름에도 시내에서 안전하게 지낼 수 있었다.

한편 충칭 시내에는 임시정부가 한인교포들을 위해 마련한 집이 있었다. 이 집은 임시정부 청사가 있던 우스예항에서 멀지 않은 곳에 있었는데 한인교포 가족들이 살 수 있게 열예닐곱 개 방을 만들어놓고 한 세대에 한 방씩 사용할 수 있게 지은 건물이었다. 그러나 집이 몹시 습하고 햇빛이 잘 들지 않는 낮은 지대에 있어서 음습하고 쥐가 많아 방안에까지 돌아다녀서 거주 환경이 좋지 못했다. 비가 오면 방안에 비가 새지 않는 곳이 없었다고 한다.

충칭 임시정부 시기 5년간 한인교포들은 임시정부 가족들의 집단 거주지인 투차오 이외에 충칭의 시내, 베이안北安, 난안에 정착해 그룹별로 몇 가족씩 한집에 모여 살았다. 한인교포들은 몇 가족씩 한집에 모여 살면서도 가족별로 각각의 방에 거주하며 취사를 따로 하는 등 독립생활을 했다. 명절 때는 공동 취사하여 함께 음식을 나누며 명절을 기념했고, 평상시에도 몇 가족이 함께 모여 식사를 하는 공동생활의 일면을 띠기도 했다.

충칭 한국애국부인회
주석으로 선임되다

1943년을 즈음한 국제정세는 제2차 세계대전에서 여러 동맹국들이 함께 일본을 타도하는 가운데 일본제국주의의 패망이 예상되는 상황이었다. 충칭의 대한민국임시정부가 여러 단체들을 통합해 임시정부 조직을 재구성함에 따라 이와 함께 민족해방운동을 활발하게 전개하기 위한 여성단체의 재조직이 요구되었다.

충칭에 있던 한인 여성들이 당파와 사상을 불문하고 일치단결해 상하이 임시정부 이후 와해되었던 상하이 대한애국부인회를 재건하자는 기치 아래, 1943년 1월 23일 충칭 한국애국부인회를 조직했다. 주석에는 김순애가 선임되었다. 한국애국부인회는 국내와 세계에 산재한 1,500만 한국 여성의 단결과 애국을 상징하며, 일본제국주의 타도와 대한독립·민족해방을 위한 제1보를 내디뎠다는 데 의의가 있었다. 특히 한국애국부인회는 국내 각계각층의 여성, 우방 각국의 여성조직, 재미 한인여성단체와의 긴밀한 상호관계를 통한 여성의 연대를 표방한 것이 특징이었다. 1943년 2월에 발표된 「한국애국부인회 재건선언문」은 다음과 같다.

경애하는 동지 동포 여러분, 전 세계 반파쇼대전의 최후 승리와 우리의 원수 일본제국주의는 결정적 패망이 바야흐로 우리 안전에 도래하고 있는 위대한 역사적 신시기에 있어서, 우리 민족해방운동의 광영스러운 역사와 전통을 가진 한국애국부인회의 재건립을 중국 항전 수도 중경(충칭 – 필자 주)에서 전 세계에 향하야 우렁차게 고함치노라. 본회는 25년 전 3·1혁명의 위대한 유혈투쟁 중에서 신생한 우리 역사상 신기원인 부녀혁명의 본체였고 또 민족정기의 뿌리였다. 그러나 3·1운동 후 십수 년간에 우리 운동은 국제적으로나 국내적으로나 모든 정세와 환경이 너무도 악열하고 저해하려는 조건이 구비하야 어쩔 수 없이 본회는 국내에 있어 '근우회' 등 혁명여성단체를 비롯하여 남북 만주의 무장운동과 배합하여 씩씩하게 일어나던 여성들과 전후하야 비참하게도 깃발을 내리고 간판을 떼어 쓰라린 가슴에 품고 피눈물을 뿌리면서 시기를 고대하고 있었던 것이다. 그런데 오늘의 우리의 정세는 일변하였다. 지금 우리 민족해방운동은 공전의 혁명 고조를 타고 활발하게 전개하게 되었다. 삼십여의 동맹국이 모두 우리의 우군이 되어 원수 일본을 타도하고 있다. 정히 이러한 시기에 있어서 임시정부 소재지에 있는 우리 혁명여성들은 당파별이나 사상별을 불문하고 일치단결하여 애국부인회를 재건립함으로써 국내와 세계 방방에 산재한 우리 일천오백만 애국여성의 총 단결의 제1성이 되며 삼천만 대중이 철과 같이 뭉치어서 원수 일본을 타도하고, 대한독립과 민족해방 완성의 거룩한 제1보를 삼으려 한다. 경애하는 동지 동포 여러분, 때마침 건립되는 본회는 우리 분신의 단결, 교양, 우애, 이익, 발전 등을 비롯하여 국내 각층 여성과 연락하고 조직하며, 재미여성단체와는 절실히 우의적으로 감정을 소통하며, 우방 각국 여성조직과 연결하여 피차관계를 결탁하려 한다. 경애하는 동지 동포 여러분, 이러한 사업을 성공하려면 적지 않은 곤란이 있을 것도 예상한다. 그러나 제위 선배의 현명한 지도와 혁명동지 동포들의 열렬한 성원 하에 본회 회원전체들이 목표를 위해 불굴 불해하는 정신으로 국가독립과 민족해방의 길로 매진하면 최단기 내에 우리의 혁명은 완성되리라고 믿고 쓰러졌던 본회의 깃발을 다시 반공에 기운차게 날리다.

이 내용을 정리하면 다음과 같다.

첫째, 일본이 미국을 비롯한 연합군을 상대로 일으킨 전쟁에서 패색이 짙어가는 국제정세를 잘 활용해 한국애국부인회를 재건하고 항일운동·대한독립운동·민족해방운동을 전개하자고 촉구했다.

둘째, 충칭 한국애국부인회가 3·1운동의 영향으로 생겨난 상하이 대한애국부인회의 '민족정기'와 '부녀혁명' 정신을 계승한 조직이며, 당파와 사상을 불문하고 충칭 한인교포 여성들의 "일치단결"로 재건한 여성단체임을 강조했다.

셋째, 한국애국부인회는 국내외 1,500만 한국 여성의 총 단결의 상징으로 국내의 각계각층 여성, 재미여성단체, 우방 각국 여성조직과 연대해 활동하자는 취지였다. 주목할 점은 충칭 한국부인회가 상하이 대한애국부인회의 민족의식과 독립운동정신을 계승함과 함께 근우회의 모토였던 '여성의 총 단결'을 기치로 내걸었다는 점이다. 그리하여 국내외 한국 여성 모두 '혁명동지'로서 총궐기해 '국가독립'과 '민족해방'을 앞당기자고 촉구했다. 이는 독립운동을 혁명으로, 국가독립과 민족해방을 혁명의 완성으로 규정하고, 여성이 혁명의 주체이자 독립운동의 주체임을 강조한 것이었다.

한국애국부인회는 7개항의 강령을 채택했다. 주목할 점은 강령에 '남녀 평등한 권리와 지위의 획득과 향유'가 3번 명시적으로 반복되면서 '여권'의 개념이 강조되고 있다는 점이다. 여성독립운동가들의 궁극적 목표는 항일과 민족해방을 통한 '민주주의 공화국' 건설에 있었다. 이들에게 민주주의 공화국의 핵심은 '남녀 평등한 권리와 지위'를 획득하고 향유할 수 있는 국가체제였다. 이는 「대한민국임시헌장」(1919. 4. 11), 「대한민국임시헌법」(1919. 9. 11), 「대한민국건국강령」(1941. 10. 28)에 명시된 "대한민국의 인민은 일체 평등"하며 여성도 남성과 같이 국민으로서 동등한 권리와 의무가 있다는 이념에 따른 것이었다.

다만 「대한민국임시헌법」(1925. 4. 7), 「대한민국임시약헌」(1927. 4. 11~1940. 10. 9)에 따르면 광복이 되기 전까지는 '광복운동자'가 '인민'을 대신한다는 조항이 있었다. 이에 의하면 한시적으로 인민은 독립운동가를 의미하며, 인민의 평등은 독립운동가를 대상으로 한 개념이라고 해석할 수 있다. 따라서 여성이 인민으로서 남성과 같은 권리를 주장하기 위해서는 먼저 독립운동가가 되어 인민의 자격을 갖추는 것이 선결 과제였음을 알 수 있다. 이 지점에서 독립운동은 인민의 자격이자 인민의

〈표 1〉 충칭 한국애국부인회 조직

부서와 직책	이름(다른 이름)
주석	김순애(김문숙)
부주석	방순희(방순이)
서무부 주임	최소정(최선화)
조직부 주임	연미당(연충효)
훈련부 주임	정정화(정묘희)
선전부 주임	김윤택
사교부 주임	권기옥
재무부 주임	강영파
집행위원	이순승
간부	최형록
재건 요인	조용제(조경순)

의무이며, 인민의 권리를 주장할 수 있는 근거 조건으로 작용하고 있다. 이와 같은 문건에서 여성계의 단결을 통한 조직적인 여성독립운동의 필요성과 정당성이 나왔다고 하겠다.

충칭 한국애국부인회의 정치적 입장은 대한민국임시정부와 임시정부의 민족해방운동을 지지하고 돕겠다는 것이었다. 또한 여성들의 독립운동은 조국의 독립과 민족의 해방을 위해서일 뿐 아니라, 나아가 해방된 조국의 정체政體가 남녀평등의 권리와 지위를 보장하는, 민주주의공화국 건설을 위한 것이었다. 때문에 여성들은 혁명적 애국부녀단체를 조직하여 혁명적 권력구조인 대한민국임시정부를 적극 옹호했던 것이다. 조국 독립운동의 대열에 여성도 남성과 함께 나란히 참여하여 국민된 의무를 수행하고, 이러한 기여를 바탕으로 독립된 나라에서 국민된 권리 역시

충칭 한국애국부인회 회원 사진 (1943년 2월)
왼쪽부터 최선화·김현주·김순애·권기옥·방순희이다.

남성과 동등하게 누리겠다는 의지가 반영된 것이었다. 여성들이 독립운동을 통해 건설하고자 했던 이상적인 국가에 대한 비전은 강령 제1조를 통해 명확하게 드러나 강조되었다.

그러나 무엇보다도 시급했던 것은 독립운동과 함께 여성들에 대한 교육과 지식 수준 향상이었고, 그러한 교육을 바탕으로 여성의 직업 획득, 경제적 독립과 평등이 가능하다는 점 또한 잘 알고 있었음을 알 수 있다. 나아가 이들은 광복과 귀국 후 부인회가 나서서 해야 할 일들을 구상하기도 했다.

20여 년 전 상하이 대한애국부인회 창설 때 회장 및 집사장을 역임하는 등 상하이 여성독립운동의 중추세력이었던 김순애가 충칭 한국애국부인회 주석을 맡으면서 한국애국부인회 재건의 상징이 되었다. 김규식이 한독당계와 민혁당계의 중재를 시도할 수 있는 인물로 좌우 양쪽에서 동시에 존경받았듯이 김순애 역시 각 당 여성들의 통합을 상징하는 인물이자 여성독립운동계 원로 역할을 담당했다고 여겨진다. 김순애·연미당·강영파는 상하이 임시정부 시기 여성독립운동단체에서 활동했던 인물이었고, 권기옥 역시 잠시 상하이 인성학교 교사를 역임한 바 있다. 이밖에는 상하이 임시정부 시기와는 다른 새로운 인물들로 조직이 구성되었다.

또한 한국애국부인회는 떡을 만들고 음력 정월 초하루 교포들이 모여먹고 유쾌한 시간을 보낼 수 있도록 청년회와 함께 다과회와 여흥을 주최하기도 했다. 이와 같이 동포끼리 나누는 모임들이 충칭의 망명정부 생활을 해나가는 사람들에게 큰 활력소 역할을 했다. 또 애국부인회에서는 '국제부녀절(세계여성의 날)'을 성대하게 기념하기도 했다.

재중국 자유한국인대회에
참여하다

1943년 5월 충칭에서 열렸던 자유한인대회에 한국독립당 등 6개 대표와
정당 및 단체들이 참가했다. 여성단체 대표로는 한국애국부인회 주석 김
순애가 파견되어, 광복운동 진영의 단결과 여성의 독립운동 참여와 활동
을 대내외에 알리는 데 중요한 역할을 담당했다.

미국 시카고에서 발행하는 『시카고 선타임스Chicago Sun-Times』에 영국
외무장관 앤서니 이든Anthony Eden이 워싱턴을 방문해 루즈벨트 대통령
과 전쟁 후의 세계평화계획을 상의했다는 소식이 보도되었다. 이 가운
데 전쟁 이후 잠시 국제감호國際監護를 거쳐 한국을 독립시키자는 결정이
포함되어 있었다. 국제감호는 국제 공동 관리를 뜻했다. 이 소식이 전해
지자 임시정부는 즉시 각 동맹국 정부에 전문을 쳐서 반대의사를 표명하
며 전쟁 후 한국의 완전한 독립을 요구했다. 이러한 국제정세를 배경으
로 1943년 5월 한국애국부인회를 비롯해 충칭에 있는 한국 각 혁명단체

및 전체 동포들이 자유한인대회自由韓人大會를 개최해 선언문을 발표하고, 4개 조항의 중대 결의안을 통과시켰다. 그리고 대회 명의로 미국 대통령 루즈벨트를 비롯해 각 동맹국 영수들에게 전문을 보내 우리 민족의 의사와 요구를 명백히 밝혔다. 자유한인대회의 목적은 전후 한국 문제에 대한 입장과 태도를 밝히는 데 있었다. 이들이 발표한 「선언문」 가운데 주목할 만한 부분은 다음과 같다.

… 중일전쟁 및 태평양전쟁이 폭발한 이후로는 전 민족과 각 계급과 각 당파들은 모두 한국 임시정부의 주위에 모여서 통일과 단결을 이루었다. 국내나 국외를 논할 것 없이 바야흐로 치열하고 또 맹렬하게 반일투쟁을 진행해왔다. 우리는 이번 전쟁의 결과는 일본 침략자가 반드시 패망하고 한국이 반드시 절대 완전한 독립을 획득할 것이라 굳게 믿고 있다. …

첫째, 한국 민족이 일치하고 또 굳세게 요구하는 것은 바로 절대 완전한 독립과 자유다. 어떠한 국가나 국제적인 간섭이나 호위나 공동 관리도 모두 절대 반대한다. 한국 민족은 5천 년의 오랜 문화와 역사를 가지고 있다. 우리는 과거 오랫동안 자주적으로 국가생활을 경영해온 민족이다. 때문에 전후 새로운 화평세기和平世紀에 있어서 응당 완전 독립한 국가생활을 누릴 권리와 능력이 있다.

둘째, 한국은 22만 평방킬로미터의 국토와 3,000만의 인구를 가지고 있다. 한국에는 물산이 지극히 풍부하고, 또 현대적으로 건설된 공업이 있다. 따라서 전후 동맹 국가들의 평등·호혜의 상호 부조하는 조건 밑에서 급속히 강대한 민족 국가를 건설할 수 있다. …

넷째, 한국은 원동의 정치·지리상 실로 가장 중요한 위치를 차지하고 있다. 즉 한국의 독립 여부가 극동의 평화를 유지하느냐 파괴하느냐 하는 것을 결정짓게 된다. 과거에도 그랬거니와 장래에 있어서도 반드시 그렇다. 전후 한국의 완전 독립은 장차 원동 내지 태평양 지역의 완전 평화를 보장하는 것이다.

이상에서 무엇보다 재중 독립운동가들은 자신들이 단결해 반일투쟁을 전개하고 있으며 전후 한국인에 대해 신탁통치가 아니라 즉각적이고 완전한 독립을 주장했다. 이를 위해 우선 임시정부가 국제사회에서 공식적으로 승인받는 문제, 이 문제와 연계해 대한민국임시정부가 연합국의 일원으로서 여러 우방들과 동맹체제를 구축하는 문제를 해결하는 일이 급선무였다. 종전 후 한국의 독립을 요구하고 그 근거로 한국인에게는 오랜 역사와 문화가 있고 자주독립국을 건설해 경영해온 과거의 전력이 있으며 풍부한 자원과 인구, 공업시설을 통해 급속히 부강한 국가로 성장할 수 있는 잠재력이 있다고 강조했다. 또한 전후 동아시아와 태평양의 평화는 한국의 완전한 독립이 밀접한 관련이 있다고 지적했다.

김순애는 충칭 한국애국부인회 회장 이외에도 여러 가지 직책을 맡아 수행했다. 1943년 국무위원회에서는 생계부 생활위원으로 선임되었다. 또한 1944년에는 대한민국임시정부의 회계 검사원 조리원助理員으로 선임되어 활동했다.

기독교인 한인교포들은 중일전쟁의 발발로 충칭에 정착하기까지 대한민국임시정부 및 가족들의 이동생활, 충칭에서의 망명생활과 독립운동, 공습과 대피로 바빠 예배나 교회행사 등의 모임과 신앙생활을 잠정적으로 중단했다. 이러한 상황에서 기독교인 한국교포의 복리 향상을 목표로 단체를 조직하고자 하는 움직임이 중국인으로 구성된 중화애국협진회에서 발의되었다. 이리하여 1944년 6월 중국인 협진회 회원들은 김규식·엄항섭·안원생 등 한국인 독립운동가과 함께 기독교한교복리촉진회를 조직하는 발기인회의를 개최했다. 기독교한교복리촉진회는 기독교인 독립운동가들의 종교생활에 큰 도움이 될 것으로 기대되었다. 김순애는 '기독교한교복리촉진주비籌備위원회' 위원으로 선임되어 '기독교한교복리촉진회'의 조직과 기독교한교복리촉진회가 사업으로 추진하고자 하는 한교(재중 한국인동포)의 신촌新村 건설을 어떻게 설계하고 실행해갈 것인가 하는 문제를 풀어나가는 임무를 맡았다.

민족 교육활동으로
독립운동에 기여하다

충칭 한인교포가 독립운동과 망명생활을 하는 가운데 느끼는 부모로서의 고충은 한정된 생활비를 가지고 균형 잡힌 영양식으로 아이들을 양육하는 문제, 그리고 아이들의 교육 문제로 크게 나뉜다.

한인교포 아이들의 교육은 가정교육, 주말 또는 방학에 운영되는 한인교포학교, 중국식 학교교육으로 나뉜다. 가정교육과 한인교포학교 운영에는 여성들의 역할이 컸다. 다음 인용문에서는 충칭 임시정부 시기 대한민국임시정부 가족 및 한인교포 여성들이 가정생활과 사회활동, 독립운동에서 자신들의 역할을 어떻게 인식하고 있었는지 살펴볼 수 있다.

이곳에서 부인들이 하는 일은 아이들을 키우고 임시정부에서 활동하는 남편을 뒷바라지하는 것이다. 하지만 그 외에도 무언가 할 수 있는 일이 있을 거라는 생각이 든다. 부인들이 할 수 있는 일이 분명히 있다. 우리

한교들의 자녀들에게 민족의 정신을 집어넣는 것도 우리 몫일 것이요, 후방에서 독립운동을 지원하며 일선에서 일본군과 싸우며 애쓰는 우리 동지들을 보살피는 것도 여자들의 몫일 것이다. 이렇게 가사생활을 하루하루 챙기는 일상의 것에서 나아가 작은 힘을 모다 더 넓게 눈길 닿지 않는 곳을 챙겨나가야 하는 것이 우리 부인들의 몫일 것이다.

충칭에서 여성들은 애국부인회 활동 이외에도 충칭 임시정부, 광복군, 임시정부 산하 단체의 모든 행사에 꼭 필요한 준비요원이었을 뿐 아니라 민족교육 활동을 통해서도 독립운동에 기여했다. 가정과 한인교포 학교에서 자녀들에게 한글, 국사 등을 가르치며 민족의식을 심어주는 일은 주로 부인들의 책임하에 이루어졌다. 대한민국임시정부는 한국애국부인회가 주관했던 아동 국어(한글) 강습반에 매월 보조금을 지급해 활동을 장려했다.

한인교포들은 망명생활 가운데 아이들이 중국에 동화되어 한국인으로서의 민족정체성을 상실해가지 않을까 매우 걱정하며, 아이들에게 우리말과 우리글, 우리 노래 등 우리 문화를 전수하기 위해 노력했다. 이를 위해 한인교포들은 집안에서는 우리말만 쓰도록 방침을 정해 민족교육의 기초를 형성할 수 있었다. 특히 남성들이 독립운동과 직장 업무로 바쁠 때, 여성들은 집안에서 남편을 내조하고 아이를 낳아 양육하며 가정교육을 통해 민족의식과 민족문화를 함양한 제2세대 인재를 배출해 독립운동의 승계와 지속성, 재생산을 위한 기반을 형성했다.

한인교포들은 2세대들이 중국 땅에서 뚜렷한 민족의식을 지니고 성장

〈표 2〉 한국애국부인회 주관 아동 국어 강습반 현황(1944. 6~1945. 3)

반명	교사 수	학생 수	보조 금액(원)
위스반(渝市班, 충칭시반)	1	3	1,500
난안반(南岸班)	2	23	3,000
투차오반(土橋班)	1	12	1,500
총	4	38	6,000

하기를 바랐으며, 독립국가 건설이라는 목표를 실현하여 고향에 돌아갈 수 있기를 염원했다. 이에 따라 한인교포 아이들은 가정과 한인교포학교에서 배운 한글과 우리 역사뿐 아니라 노래와 춤과 같은 우리 문화를 통해서 한국인으로서의 자부심과 민족의식을 체화하며, 부모 세대가 가졌던 고향에 대한 그리움, 조국독립과 귀국의 염원에 공감했으리라 생각된다.

당시 한인교포 2세들 가운데는 중국에 남아 중국인이 되는 것을 고려했던 사람도 있었다. 20여 년의 중국생활에 익숙해져 청년기가 되도록 계속되는 기약 없는 망명생활을 끝내고 차라리 익숙한 중국에 정착해 중국인으로 살아갈 것을 생각하거나, 낯설고 아무런 기반이 없는 해방된 조국에 적응하고 정착할 수 있을까 하는 두려움으로 귀국을 망설이기도 했다.

그러나 집안에서 민족정신으로 철저히 가정교육을 받으며 자란 아이들은 그런 유혹에 흔들리지 않았다. 비록 중국에서 태어나거나 어린 시절 중국에 건너와 사춘기와 청년기를 중국에서 보내 조국에 대한 기억이 없는 자녀들이었지만, 일상생활을 하는 가운데 부모와 조부모에게서 늘 고향의 아름다움과 추억, 그리움, 조국의 독립과 귀국에 대한 염원을 듣고 느끼며 자랐기 때문이다. 한인교포 자녀들은 중국에서 성장하며 중국옷을 입고 중국말을 쓰고 중국학교에서 배웠지만, 한국인으로서 조국에 대한 독립의식, 귀향의식, 민족정체성이 투철했다.

임시정부 이동기에 한인교포 아이들은 학교를 자주 옮겨 다녀야 했지만 전학 절차가 그렇게 까다롭지 않아 학교교육을 받는 데 큰 지장이 없었다. 이전 학교의 증명이나 성적표 등 서류 없이도 시험만 보고 들어갈 수 있었다. 동등 학력 규정이 있어서 어느 학년의 학력이 있으면 그에 해당하는 시험을 보고 합격하면 바로 입학이 가능했다. 더욱이 임시정부에서 중국 국민당 정부 외교부에 공문 1장만 보내면 학비와 기숙사비가 모두 면제되었다. 또한 임정에서 학생 1명당 학용품 구입비 등 용돈으로 15원을 지급했다. 임시정부 가족의 아이들은 이처럼 전학이 자유롭고 교육비가 들지 않았기 때문에 중국 땅에서 망명생활을 하는 가운데서도 학교교육을 받을 수 있었다.

예를 들면 김규식·김순애의 아들 김진세, 김의한·정정화의 아들 김후동, 김홍일의 아들 김극재는 충칭에서 양쯔강 상류로 약 100킬로미터 떨어져 있는 장진현江津縣에 있는 국립 제9중학교에 다녔다. 1945년 9월, 김진세는 충칭에서 200리(78.5킬로미터) 떨어진 쓰촨대학교 사범대학 부속중학 기숙사에 거주하며 학교에 다니고 있었다.

임시정부의 예산안과 지출 내역을 보면 임시정부의 정무비 가운데 보조비 명목으로 독립운동자 및 그 가족의 생활비, 직원 및 교포의 의약비 외에 교육비를 책정해 학생에게 보조금을 지불했던 사실이 나타나 있다. 충칭 한인교포 소학생 수와 학비 보조금 지급 현황, 재학생 현황은 〈표 3〉, 〈표 4〉와 같다.

〈표 3〉 충칭 한인교포 자녀 중 소학생 현황 및 임정의 보조금 지급 현황

소학교	학생 수	금액(원)
중심소학	28	43,000
국민소학	17	16,419
사립소학	31	110,400
총	76	169,819

〈표 4〉 취학 중에 있는 각급 학생 현황(1944. 6~1945. 3)

학교	과	학생 수	성별(수)
대학	사회학과	1	남
	사학과	1	남
	영문과	1	여
	중문학과	1	남
	공과	4	남
	물리과	2	남녀
	법과	3	남(1), 여(2)
	신문과	1	여
전과학교(專科學校)	성악과	1	여
전과학교	가극과	1	여
고급중학		7	남(6), 여(1)
초급중학		22	남(10), 여(12)
중심소학(中心小學)		28	남(16), 여(12)
국민소학(國民小學)		17	남(6), 여(11)
사립소학		31	남(15), 여(16)
항공유년(航空幼年)		1	남

덕분에 한인교포의 자녀, 특히 여아들은 학교교육의 혜택을 누리며 중등·고등교육까지 이수할 수 있었다. 대학 재학생 14명 가운데 여학생이 5명으로 대학생의 4분의 1이 여학생이었다. 전문학교 정도에 다녔던 여학생 2명까지 더하면 고등교육을 받는 학생 14명 가운데 여학생이 7명으로 대학생의 3분의 1, 곧 33%가 여학생이었다. 비록 남학생보다 적은 수였지만 적지 않은 수의 여학생이 고등교육을 받고 있었음을 알 수 있다. 한편 고급중학은 오늘날의 고등학교 과정, 초급중학은 오늘날의 중학교 과정으로 생각된다. 비록 고급중학 단계에서는 남학생 수가 압도적으로 많았지만, 초급중학과 소학(오늘날의 초등학교 정도) 단계에서는 여학생 수가 남학생 수와 비슷하거나 조금 많았다. 초등교육에서부터 중등교육까지는 남녀에 대한 교육이 비교적 평등하게 제공되고 있었음을 알 수 있다. 재중교포 자녀들은 남녀평등한 분위기에서 여성도 교육을 받을 기회가 있었고, 사회활동과 독립운동, 가정생활에서 비교적 자유롭고 적극적으로 처신할 수 있었던 것으로 보인다.

충칭에서 피난생활을 하다

명절은 한인교포의 각 가정에서 지켜졌고, 대한민국임시정부와 대한민국임시의정원 수립 기념일, 국치일, 애국선열기념일, 신년 단배례(또는 단배식)는 매년 공적인 행사로 거행되었다. 대한민국임시정부의 연례행사 가운데 가장 중요하고 성대하게 기념되었던 날은 삼일절과 개천절이었다. 한인교포들은 삼일절 기념식장에 걸린 태극기, 투차오 신한촌 언덕 위 기독교청년회관 건물에서 휘날리던 태극기, 임정 청사에 걸려 있었던 단군과 이순신의 초상, 삼일절과 개천절 기념식을 통해 독립의지를 다지고 민족의 유구한 역사와 전통을 상기하며 한국인으로서의 민족정체성과 민족의식을 공유했다.

3·1운동 기념식에는 외국 공사들과 중한문화협회(1942년 성립) 인사들이 참여하는 등 한국의 독립의지를 대외적으로 천명하고 한국인의 독립운동을 대외에 알리는 기회가 되었다. 특히 중한문화협회는 일본이라

는 공동의 적을 향해 중국인과 한국교포가 단결해 활동하는 양국 간의 민간협력체라는 상징성을 띠고 있었다.

이 외에도 1회성 공식 행사로 광복군 총사령부 성립 전례식(1940년 9월 15일), 대한민국임시정부의 학병 출신 광복군 환영회(1945년 1월 31일), 광복군 총사령부의 학병 출신 광복군 환영회(1945년 2월 1일) 등이 있었다. 또한 각 가정의 육십 수연 축하회, 결혼 축하연, 돌잔치, 세계적 십자회의 음악회 등은 무미건조한 망명생활에 활력과 위로가 되었다.

이러한 기념일과 행사에 필요한 비용으로 쓰기 위해 임시정부는 정무비政務費에 축연비, 의원비議院費에 기념비를 예산으로 배정했다. 축연비는 각 경축일慶節과 기념일 비용으로 경조慶弔 축하 및 외빈 연회비용이고, 의원 기념비는 입헌기념일 행사 비용이었다.

한인교포들은 우리 민족의 명절과 풍속, 기념일 행사를 통해 민족의식과 문화전통을 이어가며 한민족으로서의 동질성과 문화적 자부심을 유지해갈 수 있었다. 김순애를 비롯한 여성들은 대한민국임시정부가 개최하는 각종 기념일 및 행사의 음식을 준비하는 일을 담당해 임시정부를 뒷받침했다.

한인교포들의 생활에서 기념일 및 명절 등 특별한 행사는 잠시였고 대부분의 생활이 공습과 대피로 점철되어 일상화되었다. 그곳에서의 삶은 폭탄 속에서 사는 나날이었다. 하루에도 몇 번씩 경보가 울리면 방공호로 피난을 가야 했고, 폭격이 심한 날은 하루 종일 방공호에서 지낼 때도 많았다. 김구도 "중경(충칭 – 필자 주)에 있었던 4~5년 내내 침식은 짬짬이 하고 하는 일이란 오직 피난뿐이었다"고 기록할 정도로 공습

〈표 5〉 충칭 임시정부 시기 전후 명절 · 기념일 행사

날짜	명절 · 기념일	행사 내용
1. 1(양)	새해 원단 축하식	1942. 충칭에 살고 있는 한인교포들이 모여 축하연
1. 1(음)	설	특별한 행사 없이 지낼 때가 많았음
2. 15(양)	구회	1940. 치장 임시정부 청사에서 헤어져 살던 한인교포들이 모여 인사 나누고, 소식 듣고, 당과 정부의 활동을 들음
3. 1(양)	삼일절	1940. 치장 타이쯔상(台子上) 30호 집 후원 노천. 70여 명 모임. 여흥 구경. 저녁 1941. 실험극장. 300여 명 모임 1942. 상청사 광파대하. 400여 명 모임. 어린이를 위한 연극도 공연 1943. 신생활운동회 대강당. 200여 명 모임
3. 8(양)	국제부녀절	1943. 애국부인회가 재건되면서 애국부인회에서 기념
4. 6	한식	별다른 행사 없이 지냄 1940. 양우조의 경우 석오 이동녕 선생님 묘소 성묘
4. 11(양)	임시정부 수립 기념일	1944. 제25주년 기념일
5. 5(음)	단오	1939. 어른들이 준비한 소고기 · 수육으로 함께 식사 1942. 가까이 사는 몇 가족이 모여 음식 해 먹음
8. 29(양)	국치일	치욕을 되새기고 앞으로의 각오를 새롭게 함
8. 15(음)	추석	추석 행사는 별다르게 행해지지 않았던 것으로 보임
9. 17(양)	한국광복군 기념식	대공보 기록들
10. 3(음)	개천기원절	1940. 건국 4270회. 30여 명이 모여 식을 거행하고 떡을 나누어 먹음
11. 17(양)	순국선열기념일	1940. 제1회 한국독립당 당원과 그 가족 30여 명이 모여 기념식

과 폭격, 대피생활이 반복되었다. 중일전쟁 이후 일본군의 공습과 폭격으로 임시정부 요인들과 그 가족들은 충칭을 향해 난징·창사·광저우·포산·류저우로 이동하는 중에도 또 치장·충칭에서 정착해 살 때에도 대피 생활을 계속했다. 공습경보가 울리면 치장에서는 들로 나가 한참 동안 대피했고 충칭에서는 시내 곳곳에 마련되어 있던 방공호로 대피했다. 공습으로 대피하는 생활이 반복되고 유언비어까지 나돌면서 한인교포들은 늘 불안한 마음으로 생활했다. 폭격에 맞아 임시정부 청사 및 요인 숙소로 사용되던 렌화츠 건물이 허물어져 임시정부 요인이 다치는 등 일본군의 공습에 따른 건물 파손과 인명 피해가 계속되어 일상생활을 위협했다. 일본군의 끊임없는 폭격으로 공습과 대피가 하루에도 몇 번이나 반복되었고 사람들에게 방공호는 일상의 생활 공간이 되어갔다.

충칭에서 독립운동가와 그 가족들은 질병 및 응급 처방을 어떻게 했을까? 김구의 어머니 곽낙원은 유주柳州에서 인후증(광시 지방 풍토병)에 걸렸지만 제대로 치료받지 못하고 충칭까지 이동을 계속해야 했고 치료가 너무 늦어 그곳에서 사망했다. 김구의 아들 김인은 충칭에서 폐병으로 사망했다. 폐병의 주요인은 날씨와 기후 때문이었다. 충칭의 기후는 9월 초부터 다음 해 4월까지 구름과 안개 때문에 햇빛을 보기 힘들었고, 저기압의 분지라 지면에서 솟아나는 악취가 흩어지지 못해 공기는 극히 불결했으며, 인가와 공장에서 분출되는 석탄 연기로 인해 눈을 뜨기조차 곤란한 상태였다. 이런 까닭에 외국 영사관이나 상업인들이 충칭에서 3년 이상을 견디지 못한다는 소문이 날 정도였다. 김구는 우리 동포 300~400명이 충칭에 6~7년 거주하는 동안 순전히 폐병으로 사망한 사람만 꼽아도 70~80명에 달했다고 기록했다.

임시정부 요인들도 크고 작은 병에 시달렸다. 지청천은 위가 아파서 이병훈 의사가 근무하던 병원에 입원할 정도로 심한 위병을 앓았다. 민필호는 수년 동안 고혈압으로 고생했는데 그 후유증으로 충칭에서 지낼 때는 47세의 비교적 젊은 나이에도 단장을 짚고 다녀야 했다. 1945년 2월 김규식을 방문했던 김준엽의 회고에 따르면, 김규식은 늘 병을 달고 살며 집에서 한약으로 병을 다스리고 있었다.

김순애의 회고에 따르면, 김규식은 1919년 파리강화회의 특사로 파견되기 전부터 위병·소화불량증이 있었고, 파리에 있을 때부터 가끔 심한 두통을 느꼈는데 그럴 때마다 눈이 보이지 않았다. 하루에도 몇 번씩 조용히 앉아서 쉬어야 할 정도로 건강이 나빴다. 독립운동자금 모금을 위해 미국 워싱턴에 건너가 있을 때 두통이 악화되어, 두골의 전면 좌측을 파헤치는 대단히 위험한 대수술을 받아야 했다. 수술은 성공적이었다. 담당의사는 수술 후 1년 동안은 독립운동 등 모든 활동에서 손을 떼고 정양할 것을 권했다. 그러나 김규식은 독립운동자금 모금을 위해 여러 지역을 옮겨 다니며 사람을 만나고 연설하는 등 무리를 했다.

그에 따른 후유증이 막심하여, 20년 동안 간질병을 앓게 되어 갑자기 졸도하는 증상이 나타났고, 두골이 절단된 부분에서 생겨난 혹으로 인해 오랫동안 고통을 받았다. 혹 때문에 별명이 우사尤士(혹이 있는 선비)가 되었는데, 김규식은 이를 받아들여 아예 자신의 호를 우사라고 쓰게 되었다. 게다가 김규식은 만성 위장병 때문에 30~40년 동안 외식을 하거나 다른 사람의 대접을 받을 수 없는 형편이었다. 부인 김순애가 손수

준비해주는 음식만 소화할 수 있었다. 톈진에 있을 때나 귀국한 후 집에 식모가 있었지만, 식모가 준비한 음식은 일체 입에 대지 않았다. 김순애는 병약한 김규식을 곁에서 간호하고 건강을 보살피느라 늘 주의하고 신경을 써야 했다.

광복으로 귀국하여
정치활동에 참여하다

해방이 되었지만 독립운동가들은 마냥 기뻐할 수만은 없었다. 독립을
준비하고 예상하고는 있었으나 뒤통수를 맞은 느낌이었다. 미국·중국·
영국이 모인 카이로회담에서 한국인의 즉각적인 독립국가 건설이 유보
되고 일정기간 동안의 신탁통치가 예견된 어정쩡한 상황이었다. 한국광
복군이 미군 OSS(전략정보국)와 협력 작전을 펼쳐 서울진공작전을 수행
하기 직전에 해방이 되면서 작전이 무산되었다. 대한민국 산하 군대가
실질적으로 직접적으로 우리 땅에 진군하여 장악할 수 있는 기회를 놓
쳐버렸다. 게다가 임시정부로서 외국의 승인을 받지 못했기에 대한민국
임시정부 요인들은 해방이 되어 귀국하면서도 개인 자격으로 귀국해야
하는 수모를 겪었다.

1945년 11월 중국에서 귀국한 김순애·김규식 가족은 서울 종로구 삼
청동에 있는 '삼청장'(삼청동 145 – 6, 현재 국무총리 공관)에 거주했다. 삼청

장은 민규식(민영휘의 아들) 소유로, 김규식이 환국했을 때 이상백 교수의 알선으로 민규식의 집 일부분을 빌려 쓰게 되었다. 일설에 따르면 김규식은 넓은 저택 가운데 한옥 한 채와 양옥 한 채를 사용했으며, 다른 설에 따르면 삼청장(294㎡, 약 89평)의 목조건물에 기거했다. 김순애의 동생 김필례의 회고에 따르면, 삼청장에 가기 위해서는 상당히 가파른 언덕을 올라가야 했다. 일반인이 삼청장을 방문하려면 두 번 검문을 받아야 했다. 먼저 미군에게 검문받고 이어 우리나라 경찰의 검문을 받아야 집에 들어갈 수 있었다. 이는 해방 후 정국에서 요인 암살이 적지 않았고, 김규식 역시 생명에 위협을 받고 있었기 때문이다. 김규식의 삼청장은 해방 후부터 6·25전쟁 이전까지, 이승만 초대 대통령의 이화장, 김구의 경교장과 함께 정치활동의 3대 중심지로 한국 역사의 산 현장이었다.

해방 후 임시정부 요인들과 함께 고국에 돌아온 김순애는 '전국여성단체총연맹' 결성대회에서 축사를 담당하는 등 각종 활동을 이어갔다. 1946년 11월 15일 종로 기독교청년회 회관에서 독촉애국부인회를 중심으로 각 애국부녀단체를 망라해 전국여성단체총연맹 결성대회가 열렸다. 황애덕의 개회사로 시작해 경과 보고가 있은 후 임시 집행부 선출과 강령 규약 통과가 있었고 박현숙이 결의문을 낭독 가결했다. 이승만·김구·김규식의 축사를 각각 대독하고 마지막으로 김순애의 축사로 폐회했다. 여성 대표로서 김순애의 위상이 상당했음을 알 수 있다.

한편 새문안교회 교인이었던 김순애는 기독교계에서도 대표성을 띠는 인물이었다. 조선기독교청년회 전국연합회는 1946년 11월 19일부터 3일간 정동 덕수예배당에서 제2회 정기총회를 개최했다. 오전에는 기도, 찬송가, 성서 낭독 등의 의식이 있었고 오후에는 토의사항으로 들어가 국내외 정세 보고에 이어 다사다난한 건국 과정에서 기독교청년회가 나아갈 바를 토의했다. 밤에는 김순애와 백낙준 박사의 강연이 예정되어 있었다. 기독교인들 사이에서도 김순애의 이름은 지명도가 높았다.

또한 김순애는 '조선부녀신생활사'(저동 소재) 사장으로 활동하기도 했다. 추위에 떨고 있는 전재戰災동포를 시급하게 구호하자는 민족적 요청에 부응해 간부들과 함께 각 전재동포수용소를 시찰하고 전재동포원호회 중앙본부에 침구 40점, 의류 60점, 과자 4상자를 기증했다.

김순애의 증언에 따르면, 김규식은 미군정에서 사람이 나와 좌우합작을 하라고 권유했을 때 거절했고, 이승만이 찾아와 좌우합작운동에 나서라고 권유했을 때도 처음에는 거절했다. 김규식이 처음 좌우합작을 거절했던 이유는 좌우합작이 성공하지 못할 것임을 알았기 때문이었다.

"나는 능력도 없고 자신도 없고 또 되지 않을 것도 압니다."

그런데도 이승만은 논리적으로 설득하였다.

"좌우합작이 미 군정청 하지 장군 개인의 의견이 아니고 미 국무성의 정책입니다. 우리가 이 정책을 실행해보지도 않고 어떻게 거절합니까 … 독립을 위해 미국사람이 해보라는 것을 해봐야 어쨌든 안 된다는 것이 증명이 될 것 아닙니까?"

"좌우합작이 독립을 위한 제1단계요, 이 단계를 밟지 않으면 둘째 단계인 독립을 얻을 수 없다면 내가 희생하겠습니다. 당신이 나를 나무 위에 올려놓고 흔들어댈 것도 압니다. 또 떨어뜨린 후에는 나를 짓밟을 것도 압니다. 그러나 나는 독립정부를 세우기 위해 나의 모든 것을 희생하겠습니다. 내가 희생된 다음에 당신이 올라서시오."

김규식은 좌우합작의 실패를 예견했지만 그것이 통일독립으로 나아가는 단계이며 이를 위해 자신이 희생하겠다는 심정으로 좌우합작에 나서게 되었음을 알 수 있다. 이승만과 김규식 모두 좌우합작이 원활하지 못할 것이며 결국은 실패하게 될 것으로 전망했다.

1946년 5월, 제1차 미소공동위원회가 결렬되면서, 미국은 좌우합작을 적극적으로 추진했다. 미국이 미소공동위원회에 소극적이었던 중요한 이유는 남한 지역에서 우익 진영의 정치적 영향력이 미약하여, 임시정부 수립 시 미국 측의 이해를 대변해줄 정치세력이 주도권을 잡기 어려운 상황이었기 때문이다. 따라서 미국은 미소공동위원회를 결렬시켜 시간을 번 다음 우익 정치세력을 강화하고 좌익 세력을 약화시킬 필요성이 절실했다.

1946년 5월경 국내 정치세력은 이승만·김구를 중심으로 하는 극우세력, 김규식·원세훈 등의 중도우파 세력, 여운형을 중심으로 하는 중도좌파 세력, 박헌영을 중심으로 하는 극좌 세력으로 나뉘어 있었다. 이러한 상황에서 우익 세력 강화를 도모할 수 있는 유력한 방법으로 선택된 것이 좌우합작이었다. 좌우합작 임무를 부여받은 인물이 미군정 고문 레너드 버치Leonard Bertsch 중위였다.

1946년, 서울에서 열린 제1차 미소공동위원회가 아무 성과 없이 결렬되고, 이승만이 '정읍발언'으로 단독정부 수립의 필요성을 제기하며 좌·우익 대립이 격화되자, 중도파 세력들은 위기감을 느꼈다. 이에 여운형·김규식·안재홍 등 좌·우파의 중도계열 인사들은 좌·우파 협의기구 조직에 나섰고, 버치 중위의 지원으로 좌우합작운동이 시작되었다.

1946년 7월 25일, 남북한 통일정부를 수립하기 위해, 중도파와 좌우 정치인들이 중심이 되어 협의기구인 '좌우합작위원회'를 설립하고 김규식을 주석으로 추대했다. 서로 절충하고 논의한 끝에 3개월 후인 1946년 10월, 좌우합작 7원칙을 합의하는 데 성공했다.

7원칙 내용은 조선의 민주독립을 보장한 모스크바 3국 외상회의 결정에 따라 남북을 통한 좌·우합작으로 민주주의 임시정부를 수립할 것, 미소공동위원회 속개를 요청하는 공동성명을 발표할 것, 토지개혁에 있어 토지를 농민에게 무상으로 분여하며 주요산업을 국유화하여 사회 노동법령과 정치적 자유를 기본으로 지방자치제의 확립을 속히 실시할 것, 통화 및 민생 문제 등을 급속히 처리하여 민주주의 건국 과업 완수에 매진할 것, 친일파 및 민족반역자를 처리할 조례를 본 합작위원회의 입법기구에 제안하여 입법기구로 하여금 심리 결정하여 실시하게 할 것 등이었다.

그러나 한민당이 토지 무상분배에 반대하여 좌우합작운동을 외면하고, 좌익 측은 애매한 중간노선임을 들어 좌우합작운동에 반대하며, 좌우합작운동은 점차 정체상태에 빠졌다. 미군정의 정책이 좌우합작 지지에서 단독정부 수립으로 바뀌게 되면서, 좌우합작운동은 실패로 끝났다.

귀국 후 김순애와 김규식은 조선민족혁명당을 떠나, 민중동맹 소속으로 정치활동을 이어갔다. 김규식은 민중동맹 총재로, 김순애는 민중동맹 의사단으로 활동했다.

좌우합작 7원칙의 토지 문제와 신탁통치 문제를 둘러싸고 주류파와 의견이 대립된 원세훈 등 제1차 한국민주당 탈당파와 김약수·이순탁 등 제2차 탈당파들이 극좌와 극우의 편향성을 지양하고, 정당의 성격을 떠나 민생 문제 해결을 위한 추진체를 조직하기로 했다.

1946년 10월 29일 김약수·고창일·서세충·이순탁·김상덕·임의탁·송남헌 등 31명이 민중동맹결성준비위원회를 구성했다. 그해 12월 22일 서울 천도교 강당에서 대의원 800여 명이 모여 '민중동맹' 결성대회를 열고, "우리는 일치단결하여 좌우합작을 지지하며, 조선민주임시정부수립을 공약한 모스크바삼상회의 결정에 의한 미소공동위원회의 속개를 요망한다"는 결의문을 채택했다.

1947년 1월 1일, 중앙집행위원회를 개최해 중앙상무위원을 선출하고, 각 부서에 대해 협의했으며, 중앙상무위원과 각 부서 책임자를 결정했는데 그 구성은 다음과 같다.

총재: 김규식

상무위원: 김약수·임의탁·이순탁·나승규·장자일·김상덕·최남주·
　　　　 황욱·서용길·이강수·최환수·김상규·김지환·박문희·이룡범·
　　　　 김광·김준설·성백효·김창수·최동식·김대석·임철훈·정응선·
　　　　 김덕선·이동우·권태근·손문경·한학수·박세환·서상호·안
　　　　 준희·조성구

의사단: 서세충·김상덕·장자일·이순탁·김약수·김순애·박문희

중앙감찰위원장: 한홍 (이하 명단 생략)

좌우합작위원회의 발족을 계기로 결성된 민중동맹의 발족은 중간파 정치세력의 형성을 촉진했으며, 남조선 과도입법의원 개원에 7명이 관선의원으로 선임되어 입법의원 안에서 여당 역할을 했다.

그러나 얼마 뒤 민중동맹 내 파쟁이 격화되어, 총재 김규식은 사퇴를 선언하고 김약수 계열은 집단 탈퇴하여 조선공화당을 결성했으며, 원세훈 계열은 탈퇴하여 조선농민당을 결성함으로써 자연 해체되었다.

1947년 2월 11일에 한국에 온 미국신문기자단 일행은 12일 오전 8시 45분부터 10시 10분까지 군정청에서 보건후생부 부녀국의 알선으로 한국 여성 각계 대표 20여 명과 만나 환담을 나누었다. 이 자리에서 김순애는 조선을 일본의 식민지에서 해방시켜준 연합국의 일원인 미국 장병의 수고와 그들의 가족에게 특별한 감사를 드린다는 뜻의 환영사를 한 뒤 미국 기자단 일행과 이야기를 나누었다.

1947년 5월 24일 오후 5시부터 서울 필동 미소공동위원회 미국 측 수석위원 앨버트 브라운Albert A. Brown 소장 관저에서, 브라운 소장이 주인이 되어 미소공위 양국 대표를 비롯하여 한국 정계 요인들을 초대한 칵테일파티가 열렸다. 김순애는 병중인 김규식을 대신해, 부부 동반으로 초대받은 정치적이고 상징적인 성격의 파티에 혼자 참석했다. 미국, 소련, 좌·우파 한국인의 화합을 염두에 둔 모임으로 정치적이고 상징적인 의미가 큰 중요한 자리였다. 당시 언론에서는 이 모임을 "한반도의 신탁통치를 둘러싼 좌우대립, 독립국가 건설과 정부수립에의 요구 등 한국

사회의 첨예한 갈등을 완화하는 자리"라고 보도했다. 이 모임의 의도와 언론의 기대와는 달리, 1947년 10월 제2차 미소공동위원회가 결렬되면서 미국은 결국 한반도 문제를 국제연합UN으로 이관했다. 이로써 통일 임시정부 수립을 위한 좌우합작운동은 실패로 끝났다.

정신여자중고등학교
재단이사장으로 부임하다

일제강점 말기 정신여학교는 신사참배를 거부해 강제로 폐교되고 학교
건물은 다른 데 전용되었다. 해방 후 정신여학교는 성남중학교가 차지
하고 있던 건물을 되찾았지만 그럼에도 정신여학교의 복설에 대한 선교
부의 태도는 극히 미온적이었다. 심지어 정신여학교 건물을 세브란스의
대 예과에 대여해주기까지 했다. 이렇게 되자 보다 못한 정신여학교 졸
업생들이 나서서 힘을 모으기 시작했다. 김순애의 조카 김함라는 중국
에서 돌아와 '정신 복교 추진위원회'를 만들고 회장이 되어 맹렬한 활동
을 전개했다. 추진위원들은 정신여학교 복교 추진과 함께 서둘러 교장
을 선임해 일을 추진하기로 하고 1947년 1월 김필례를 정신여학교 교장
으로 선임했다.

김필례는 김순애의 여동생이자 정신여학교 출신으로 일제강점기 정
신여학교 교사 및 교감을 역임한 교육계 인재였다. 김필례는 문교 당국

으로부터 정신여학교의 복교 허가를 받아내는 일과 학교 건물을 수리하는 일에 착수했다. 우선 일반인들이 마음대로 학교 안에 들락거리지 못하도록 울타리 또는 담장을 치는 일이 급선무였는데 여기에는 30만 원의 예산이 필요했다. 이에 정신여학교의 전신인 연동여학교 출신 김순애는 10만 원의 거금을 희사했다. 이 외에도 김영순·신의경 등 여러 정신여학교 동창들의 헌신적인 도움으로 정신여학교를 수리하고 다시 개교하는 경비를 마련할 수 있었다.

1947년 7월 미군정이 정신여학교 설립 재인가를 승인했다. 정신여학교는 정신여학교 동창회와 기독교계 관계자들의 활동 덕분에 소생해서 7월 초부터 학생을 모집하고 개교할 수 있게 되었다. 김순애는 정신여학교 이사장을 맡아 김필례 교장과 함께 학교를 이끌었다.

당시 입학생 대부분이 북한에서 맨몸으로 월남한 집안의 자녀들이어서 공납금을 제때에 낼 수 없는 학생들이었다. 그러니 교직원 봉급도 제때에 지급할 수 없을 만큼 학교 재정이 말이 아니었다. 이런 형편을 아는 김순애와 김규식은 정신여학교 운영에 필요한 첫 해 경비를 부담하겠다고 나섰다. 학교의 운영비가 턱없이 부족한 상황에서 김필례 교장은 매달 말이면 삼청동에 있는 김순애와 김규식의 집으로 찾아가 경비를 얻어 와야 했다. 김필례의 회고에 따르면 도움을 받는 것도 한두 번이지 김순애의 집에 돈을 가지러 갈 때마다 괴로워서 어떨 때는 괴로움이 극에 달해 죽고 싶다는 생각이 들 때도 있었다고 한다.

김순애와 김규식이 거주했던 '삼청장'에 가기 위해서는 상당히 가파른 언덕을 올라가야 했다. 일반인이 삼청장을 방문하려면 두 번 검문을 받아야 했는데 먼저 미군의 검문을 받고 이어 우리나라 경찰의 검문을 받아야 집에 들어갈 수 있었다. 김필례가 얼마나 김순애의 집을 자주 방문했으면 미국과 한국 경찰 모두 김필례의 얼굴을 알아보고 먼저 인사를 하며 검문 없이 그냥 통과시켜줄 정도였다. 김필례는 학교 운영비를 위해 싫지만 어쩔 수 없이 언니 김순애의 신세를 져야 했고 그런 처지에 서글픈 생각이 들어 눈물을 흘리며 집안으로 들어선 적도 있었다고 한다.

김순애도 집에 있다 뛰어나가 동생 김필례를 반갑게 맞으며 손을 잡고 눈물을 흘렸다. 검문 경찰이 김순애에게 와서 하는 말이 멀리서 김필례가 걸어오는 모습을 보니 꼭 자살할 사람의 모습을 하고 들어온다고 전해주어, 뛰어나와 보니 과연 동생 김필례의 모습이 그런 것을 보고 운 것이었다. 김순애와 김필례가 서로 끌어안고 울고 있으니 김규식이 김필례를 달래며 필요한 자금을 주었다. 이렇게 김순애는 어렵게 학교 살림을 꾸려가는 교장 김필례를 1년 동안 힘닿는 데까지 도왔다. 정신여학교가 다시 개교한 지 1년 뒤인 1948년, 재학생은 480명으로 증가하여 학교 재정이 조금 넉넉해져, 김순애와 김규식이 도와주지 않아도 될 정도가 되었다.

해방 직후 김순애는 정신여학교 이사장으로서 학교의 재개교 및 운영 자금에 필요한 경비를 지원해 정신여학교가 여성교육의 산실, 여성인재의 양성이라는 본연의 기능을 되찾는 데 크게 공헌했다.

해방 후 정치·사회적 혼란이 이어지면서 김순애·김규식은 사기사건에 연루되었다. 1947년, 일본인이 남기고 간 고리짝을 미끼로 방대한 금액을 사취한 이른바 '이범성 2,000만 원 고리짝 사건'(일명 적산보따

리 사건)이었다. 그런데 김규식이 돈의 출처를 잘 모르고 받아서 좌우합작위원회 활동 등에 부분적으로 사용한 일 때문에 부도덕한 정치인으로 매도당하고 비난을 받았다. 사건의 주범인 이범성은 좌우합작위원회 기획부 차장이었는데, 그 배후에 정계 요인이 관련되어 있어 세인의 이목을 더욱 놀라게 한 사건이었다. 이 사기사건은 경향 각지를 통틀어 피해자가 300여 명에 달했다.

이범성은 자기 부하 구성회(전 일본헌병대 밀정)를 김규식 박사의 비서라고 허위선전하고, 김규식의 부인 김순애와 연락을 취하는 한편 좌우합작위원회 의원 원세훈과 상종하며 대외선전을 했다. 노자기업회사라는 유령회사를 조직해 군정청으로부터 문제의 고리짝을 노자기업회사에 불하하라는 군정청 고관의 추천장(진가는 미상)을 가지고 고리짝을 보관한 종방 노원찬과 결탁해 수많은 피해자를 유인해 사기를 쳤다. 이범성이 김규식과 원세훈을 내세워 금액 2,000만 원을 사취한 것이다. 이 가운데 원세훈에게 20만 원, 이훈구 농무부장을 통해 한미협회에 20만 원, 좌익 계열의 민청에 3만 원, 흥진당에 10만 원을 제공했으며, 조흥은행 본점에 김규식과 김순애 앞으로 800만 원을 예금한 후 나머지 1,300만 원이 넘는 돈을 사기횡령했다. 1927년 4월 초 중부경찰서에서는 이범성 외 7인을 피의자로 검속하고 취조했다.

5월 20일 조흥은행 측은 2,000만 원 사기사건에 대한 담화를 발표해 "김규식 박사는 사건과 전혀 관계가 없다"고 언명했다.

2월 17일 구모가 조흥은행 관훈동 지점 발행 보증수표 700만 원을 영업부에 가지고와서 김규식 박사 당좌에 100만 원, 김순애 씨 특당에 300만 원, 정신여중 발기인 대표 김순애 씨 특당에 300만 원을 예금했다. 그 이튿날 18일에 수표 분실계를 제시하였으므로 즉시 이상의 사실을 김박사에게 전달하였던바 대단히 분개하여 그 예금은 전연 알지 못할 일이며 이러한 불심한 예금은 필요치 않으니 즉시 취소하라고 언명하였으므로 즉시 그 예금을 취소하였다.

동아일보사의 부당 징치 결의 취소 요구 관련 보도 기사
(『동아일보』 1947년 5월 25일자)

이 사건에 대해 입법의원 제76차 본회의에서 강순 의원 외 42의원이 연서해 사기한 '이범성 2,000만 원 고리짝 사건'을 신문에 보도하여 김규식을 중상한 『동아일보』를 징치하자는 긴급 제의안을 상정 가결했다. 이에 대해 동아일보사는 『동아일보』의 명예를 손상케 하는 부당한 제의안을 입법의원에 제의한 것은 다사다난한 시기에 귀중한 시간을 낭비하는 것이며 사회의 공기로써 언론기관의 사명을 모르는 행동인 동시에 입법의원의 권위를 몰각한 행동이라며 의원들의 반성을 촉구했다. 또한 『동아일보』에 대한 입법의원의 항의를 허위날조라고 지적하며 항의하

는 동시에 『동아일보』에 대한 부당한 징치 결의를 취소할 것을 의원들에게 요구했다.

금전 사기사건에 휘말린 김규식의 입장을 옹호하는 입법의원들과, 사건 보도가 언론의 임무이기에 금전 사기사건을 보도하며 김규식·김순애의 이름을 거론하는 것은 불가피했다는 『동아일보』 측의 입장이 맞서는 가운데, 사건은 유야무야되었다. 이범성이 왜 금전 사기로 부당하게 취득한 금액을 김규식과 김순애의 통장으로 입금했는지에 대해서는 알려지지 않았다. 김순애·김규식이 모함에 걸려 억울한 누명을 쓴 것일까, 정치자금이었을까.

김순애는 귀국한 후에도 직접 재봉일을 하며 검박하게 살림을 꾸려가는 한편, 당뇨병 등 병마에 시달리는 김규식의 시중에 온 정성을 다했다. 또한 정치에 대한 관심이 높아 정치활동에도 열심이었다.

민족자주연맹과
자주여성동맹이 결성되다

중간파 세력은 제1차 미소공동위원회의 결렬(1946년 5월 8일), 좌우합작 운동의 부진, 여운형의 피살(1947년 7월 19일)이 연이어 발생하면서 행동의 통일을 확대, 강화할 필요성을 절실하게 느끼게 되었다. 다만, 김규식이 정당에는 참여하지 않으려 했기 때문에 정당의 명칭을 갖지 않는 단체를 결성할 필요가 있었다.

좌우 어느 쪽으로의 편향을 배제하고, 미소공동위원회 대책협의회·민주주의독립전선·시국대책협의회·좌우합작위원회 등의 발전적 해체를 전제로, 18개 정당과 5개 단체 대표 및 개인들이 참여하여, 중도적 정당으로 '민족자주연맹'을 발족하게 되었다. 1947년 10월 6일 중앙청 제1회의실에서 결성준비위원회를 열었다. 10월 8일 제2차 결성준비위원회에서 위원장에 김규식, 정치위원회 위원장에 홍명희洪命憙, 위원으로 안재홍·김붕준·김호를 위촉하고, 부서로 총무국·조직국·전선국·비서처를 두기로 하고, 재무위원회 위원장 김시현 외 위원 7명을 선출했다. 11월 초, 영등포회의에서 "통일합작정부 구성, 38선 폐지, 북 지도자와 회의 개회, 미소 양군 철수 지지, 테러 박멸"을 결의했다.

드디어 1947년 12월 20일, '민족자주연맹(약칭 민련)'이 결성되었다. 결성식은 천도교 강당에서 개최되었다. 민족자주연맹의 결성식에서는 존하지John Reed Hodge 미국 육군 중장, 윌리엄 딘William F. Dean 군정장관, 앨버트 브라운 미육군 소장, 찰스 헬믹Charles G. Helmick 미육군 소장, 장건상·조병옥·장택상 등이 축사를 했는데, 장건상을 제외하고는 모두 미군정의 핵심인물들이었다. 또한 남조선노동당 당수 박헌영, 민족주의독립전선의 조봉암도 사람을 보내 개회사 직전에 내빈축사를 했다. 미군정의 수뇌들은 민족자주연맹 결성식에 참석해 축사를 함으로써 김규식에 대한 지지를 표명했지만 남북연석지도자회의(남북회담)를 지지한 것은 아니었다. 또한 민족자주연맹은 미소 양군 철퇴(철수)와 자주 독립국가 건설을 지지하여, 신탁통치를 주장했던 미국 측의 입장과는 차이를 보였다.

민족자주연맹의 결성식에는 중앙과 지방의 대의원 800여 명이 참석해 선언·강령·당면정책 및 규약 등을 채택했다. 결성대회에서 전형위원 15명이 선출되었다. 민족자주연맹 전형위원 15명은 24일 시내 삼청동 김순애와 김규식의 집 삼청장에서 제1차 전형위원회를 개최했다. 정치위원으로 김순애를 포함해 홍명희·원세훈·이극로·윤기섭·손두환·김성규 7명이 내정되었다. 중앙집행위원 전형에 관한 정당단체의 비율을 대략 정당은 1개 정당에서 3명씩 사회단체는 각 1명씩 각 지구 연맹은 2명씩 개인은 10명 정도로 결정을 보았다. 그러나 민족자주연맹 안에서도 갈등이 있었는데 중앙집행위원 전형에서 각 정당단체의 비율 문제를 둘러싸고 각 정당 간에 상당한 불만과 알력이 제기되었다. 단체의 간판 수로 중앙위원회를 구성한다면 군소정당의 뜻은 만족시킬 수 있으나 연맹 자체가 약체화되지나 않을까 의구심을 가지고 있는 사람이 많았기 때문이다.

민족자주연맹에서는 결성대회를 마치고 대회에서 선출된 전형위원 15인이 24·27·28일에 걸쳐 삼청동 김순애·김규식의 집에서 전형한 결과 정치위원 7인, 중앙위원 93인, 중앙감찰위원 20인이 결정되었다. 김순애는 민족자주연맹의 정치위원으로 선임되었다.

민족자주연맹은 독점자본주의와 무산계급독재를 모두 배격하고 제3의 길을 제시했다. 민족의 자주와 평등 원칙 아래 '독립국가 건국'과 '민주주의'를 지향했다. 또한 김순애는 민족자주연맹의 정치위원으로 활동하는 한편, '자주여성동맹'을 조직하여 고문(홍명희도 고문)으로 활동했다. 자주여성동맹은 민족자주연맹 산하 단체로 김규식과 민족자주연맹의 노선을 지지하는 여성단체였다.

1948년 2월 4일 삼청장에서 민족자주연맹 주석 김규식의 주재로 김순애를 포함하여 정치위원·상무위원들이 모여 연석회의가 열렸다. 이 회의에서 남북통일정부를 세우는 문제를 토의하기 위한 남북요인회담 개최를 요망한다는 서신을 북의 김두봉·김일성에게 발송할 것을 결의했다.

민족자주연맹에서는 남북회담 참가 문제를 토의하기 위해 1948년 4월 13일 오후 1시부터 삼청장에서 정치위원·상무위원연석회의가 개최되었다. 회의에서는 주석 김규식의 남북회담 참가 문제에 대한 논의가

장시간 계속되었다. 김규식의 남북회담 참가 문제에 대해 원세훈·최동오·김약수는 참가를 반대했다. 반면 김순애를 비롯한 대다수의 위원들은 김규식이 직접 회담에 참가할 필요가 있다고 주장했다. 김구는 북행을 결정했으나 김규식은 북행을 보류하고 추후에 떠나겠다는 의사를 표명했다. 이는 북의 의도에 말려들 가능성이 컸기 때문에 나온 결단이었다. 제대로 된 남북지도자회의를 위하여 분명히 짚고 넘어가야 할 것은 짚고 넘어가야 한다는 생각이었다. 김규식의 남북회담 참가 여부 결정 문제는 가장 중요한 이슈로 언론의 주목을 받았다.

결국 김규식은 38선을 넘어 북한으로 가서 남북협상에 응했다. 당시 남북회담(협상)을 위해 북행했던 자주여성동맹 부위원장 김일사의 회고에 따르면, 김순애는 남편 김규식에게 "내가 과부가 되고 아이들은 고아가 되면 그만 아니냐. 지금 남북협상 한다 해놓고 안 가면 지도자의 입장이 뭐가 되겠느냐"며 남편 김규식의 북행을 격려했다. 건강상태가 좋지 않아 평양행이 극히 불투명한 가운데 언론과 세인의 주목을 받으며 북행을 고민하던 김규식이었다. 그런 그가 남북협상회담 참석을 방해하는 주위의 공작, 도중에 일어날지도 모르는 만일의 사태(병약한 몸으로 북한에 의해 정치적 구금을 당할까)를 염려하는 측근의 간곡한 만류를 뿌리치고, 북행을 결정·실행하게 된 데는 아내 김순애의 조언과 영향이 컸다.

떠나기 전날, 김규식은 회담에 임할 대책과 구상으로 밤을 새우다시피 했다. 다음 날 오전 5시경에 일어나 장도의 무사함과 회담의 성공을 기원하며, 부인 김순애, 아들 김진세, 측근들과 간소한 아침식사를 마쳤다. 그런 다음 김순애가 해준 연오동색 두루마기에 중절모를 쓰고, 김순애와 김진세의 안내로 자동차에 올랐다. 김규식은 차에 오르기 직전 기자와 일문일답을 했다.

"최근 건강상태는 어떠하십니까?"
"좋지 못하다."
"평양회담은 어느 날부터 개최됩니까?"
"모르겠다."
"이번 협상의 의제는 무엇입니까?"
"내가 지금 평양에 떠나면서 발표하는 성명 중에 있는 5개 조를 관철시킬 것이다."
"회담은 어느 때 종료되며 언제쯤 돌아오게 됩니까?"
"알 수 없다. 그리고 우리 일행은 오늘 오전 11시경 개성을 경유해 여현에서 38선을 월경할 것으로 보인다."

언론에서는 김규식을 '노 혁명가', 김규식이 차에 타는 모습을 '비장한 낯으로 차에 오르기', 남북협상의 위상에 대해 '새로운 조선의 운명을 결정할 남북협상'이라고 높이 평가했다. 이는 언론과 사람들이 김규식의 행보에 많은 관심과 기대를 가지고 있었음을 뜻한다.

1948년 4월 21일 오전 6시 45분, 김규식은 숙환에 시달리는 늙은 몸을 이끌고, 김영희, 정○택(의사) 등 수행원, 차남 김진세를 대동해 자동차 4대에 나누어 타고, 38선을 향해 장도壯途에 올랐다. 아들 김진세를 포함해 김붕준·원세훈·최동오·신숙·신기언·강순·박건웅·송남현·

김성숙·손두어·김지호(신숙의 수행원)·이종한(인천청년애지동맹 대표)·김시겸(민족문제연구소)·신철·이건옥·한태구·반일병·이병희·박종운(원세훈의 수행원)·한우(원세훈의 수행원) 등이 김규식과 동행했다.

김규식의 방북 취재를 위해, 기자가 삼청장을 방문했다. 김순애는 '남편 김규식이 평양으로 떠나기 바로 직전의 감상담'을 다음과 같이 말했다.

결혼한 지 14일 만에 파리에 보냈던 감상과 비슷하오. 그때도 꼭 성공되리라고 믿지 않았던 것과 같이 다만 민족이 한 자리에서 이야기해보는 것이 마땅하다고 봅니다. 왜 이런 환경 속에서 이런 행동을 취하게 되는지 유감이오. 그전에는 그래도 외국을 자유롭게 갈 수 있었는데 같은 강토에서 이러니 그저 가슴이 아플 뿐이오. 바라건대 먼 길 평안히 다녀오기를 빌 뿐이며 그이는 평생을 통해 민족을 위해 일을 하는 만큼 삼천만 동포의 앞길을 위해서 어찌 안 가실 수 있겠습니까.

김순애는 남편 김규식이 북행하여 남북회담에 참여하도록 조언하고, 준비하고, 배웅했다. 1919년 결혼식을 올린 지 2주 만에 파리강화회의에 민족대표로 파견되는 남편 김규식을 떠나보낼 때와 같은 심정이었다. 성공하지 못하더라도 통일독립국가 건설을 위하여 끝까지 시도는 해보아야 한다는 것이 남한만의 총선거, 대한민국 정부 수립, 분단정국을 바라보는 김순애의 정치적 입장이었다. 김규식이 최종적으로 북행결단을 내리고 실행에 옮기며 내세운 명분도 바로 이것이었다. 김규식의 북행 결정에 가장 큰 영향을 끼친 인물이 바로 독립운동과 정치 활동의 동지이자 배우자 김순애였다.

　북측에 이용당할 줄 알면서도 김규식의 북행을 밀어붙인 것 자체가 정치적 고려이자 행보였을까. 북한 정세, 소련의 의도, 김일성의 집권 의도를 고려하지 않은 것은 아니었을까. 너무나 순수하게 이상적으로 민족을 앞세우며 남북협상을 하겠다고 했으니, 언행일치 지도자가 되어야 하니, 실리는 없이 북측 정치판에 이용만 당한 것은 아니었을까. 남편의 구금을 염려했다는 것은 북한의 실정에 대해 안다는 것을 의미했다. 그런데도 남편 김규식이 북한에 구금당할 위험은 걱정하되, 북한 정치판의 들러리로 북한정권 수립을 정당화하는 데 이용당할 위험에 대해서는 걱정하지 않았다.

　신문에서는 김규식이 남북협상을 위해 북한으로 출발하는 날의 광경을 다음과 같이 묘사했다.

21일 상오 6시를 지나 아직도 30만 호 장안은 정적에 싸여 있다. 북멱산에 정정한 솔을 바라보며 북악의 푸른 솔을 등진 삼청장에 설레이는 흥분과 희기喜期에 벅차 있었다. 드디어 김규식 박사도 연래年來의 노구를 이끌고 단연 북행하기로 한 것이다. 사상을 초월한 민족의 새 날을 찾아 ‒ 김 박사와 원세훈, 신숙, 김영희, 김진세, 차군과 일행 20여 명이 탄 승용차와 트럭은 ‘안녕히 가시오’, ‘잘들 있으시오’의 주고받은 몇 마디의 인사가 있은 다음 몇몇 동지와의 굳은 악수를 교환하였다. 이때다. 옆에 있든 김 박사 부인 김순애 여사가 ‘이제나 하고도 악수나?’ 하며 손을 내밀며 극적인 굳은 악수를 교환하였다. 자동차의 엔진 소리는 북악에 잠긴 삼청장의 고요한 새벽 적막을 깨트리고 흰 연기를 뿜으며 힘 있게 달리기 시작하였다. 차는 어느 듯 중앙청 광화문을 지나 김 박사보다 하루 먼저 피신하다시피 북행한 김구 씨의 숙소를 거처 독립문을 무학재를 넘어 평양으로 평양으로 달리는 것이다. 배달민족의 운명이 새로운 단계를 이룩하는 이 마당에 기자도 남다른 감개를 안고 일행과 삼팔선까지의 이백 리 길을 같이하였다. 아침의 정적을 뚫고 무쇠의 장막 삼팔선을 향하야 달리는 일행의 면면은 약간 홍조된 채 긴장되어 있다. 차창 밖으로 스치는 군정청을 눈 익은 거리를 획획 지나치는 전신주를 바라보는 김 박사의 머리에는 그 무엇이 감돌았으리오. 나는 보았다. 그 순간 박사의 깨무는 입시울을. 가노라 삼각산아 다시보자 한강수야 고국산천을 떠나고자 하랴마는 시절이 하수상하니 올똥말똥하노라의 이 시조작 한 수가 문득 기자의 머리를 스친다. 처지야 다를지언정 그 감회야말로 일행의 한결같은 심정일 것이다. 피눈물보다 진하야 이들은 겨레를 찾아 운명의 열쇠를 쥐고 가는 것이었다. 무학재를 넘은 때는 상오 7시 5분이었다.

논조는 사뭇 비장하고 감상적이었다. "가노라 삼각산아 다시보자 한강수야 고국산천을 떠나고자 하랴마는 시절이 하수상하니 올똥말똥하노라"는 표현은 그만큼 김규식이 신체적 구금까지도 각오하는 위험을 무릅쓰고 북행을 감행했음을 의미한다. "피눈물보다 진하야 이들은 겨레를 찾아 운명의 열쇠를 쥐고 가는 것"에는 위험을 무릅쓰고 한민족의 단일한 통일정부 수립을 위해 끝까지 노력하는 노 애국자의 모습을 묘사했다. 이러한 가운데 김순애는 남편 김규식과 기약 없는 이별의 순간에 '굳은 악수를 교환'하며 꿋꿋하게 전송했다.

'자주여성동맹'은 민족자주연맹(대표 김규식)의 산하 단체로 김순애·홍명희가 고문이었으며, 부위원장으로 김일사金一沙·우봉운 등이 선임되었다. 김규식·김구 이외에 남북협상을 위해 남에서 북으로 올라간 이들 가운데는 여성도 있었다. 우익 진영인 '자주여성동맹'에서는 김일사·우봉운, 좌익 진영인 '민주여성동맹'(위원장 유영준, 남로당계)에서는 유영준 등 5명을 포함하여 총 7명의 여성이 평양에서 개최된 남북회의에 참가했다. 대부분이 남한으로 다시 돌아왔지만, 우봉운은 북한에 남았다.

원세훈이 김규식에게 "이북에 가면 시베리아에 유배될지 모르니 양피 두루마기나 해 입고 가자"는 말을 건네고 김규식도 '머뭇거렸을' 정도로, 북행은 신체적 구속과 유배까지 각오해야 하는 정치적 모험이었다. 김규식은 병약한 건강상태와 체포의 위험을 무릅쓰고 북행을 감행했다. 자주여성동맹 부위원장으로서 여성대표 자격으로 북행했던 김일사(1948년, 42세)는 이후 이 때문에 고초도 많이 겪었지만 '민족끼리 이야기해보겠다는 시도 자체는 장한 일'이라는 자부심을 가지고 살았다. 그러나 6·25전쟁을 계기로 이런 생각이 깨졌다. "그들(북한 권력자−필자 주)의 속을 뻔히 알게 되었기" 때문이었다.

남북협상을 위해 북행했던 김구는 북한에서 환영받지 못했다. 김일사에 따르면, 김구는 회의장에서 연설했으나 북한 사람들에게서 제대로 박수도 받지 못한 채 매우 침통한 표정이었다. 또한 남북협상회의 현실에 대해 "회의는 회의랄 것도 없이 그들의 선전연설만 계속되었습니다. 남에서 올라간 우리는 아무 할 일도 없는 것 같았습니다"라고 증언했다.

결국 남북협상회의는 아무런 성과 없이 끝났다.

김규식과 김구 일행은 연금軟禁될지도 모른다고 두려워하는 주위의 권고에 따라, 김구가 계획했던 고향 방문을 포기하고 곧장 남하했다. 공산당에 반대하던 장건상이 연금당한 것을 목격했기 때문이었다. 한편 신창균의 술회에 따르면, 평양을 출발할 때 남북협상의 성과가 만족스럽지도 않았거니와, 엄항섭 등은 남한에 돌아가면 혹시 미군정 당국이 연행해갈지도 모른다는 생각에 가지고 갔던 옷을 모두 껴입는 등 두려워했다.

다행히 남한의 경찰은 친절하게 맞아주었고, 38선에는 약 200여 명의 환영 인파가 모여 "김구 선생 만세, 김규식 박사 만세"를 부르며 맞아주어서 안도할 수 있었다. 김규식과 김구·김신·선우진 등은 자동차로 남하했다. 이병희의 회고에 따르면, 김순애는 "영감, 살아 돌아왔구려" 울먹이며 김규식을 맞이했다. 김순애는 남북통일정부 수립을 염원하며, 남편 김규식에게 북한에 가서 남북협상 테이블에 앉도록 용기를 북돋아준 장본인이었지만, 그것이 죽음을 각오한 정치행위였다는 것을 너무나 잘 알고 있었다.

김규식의 북행에는 또 다른 목적이 있었다. 북한에게서 단전斷電을 하지 않겠다는 약속을 받아내는 것이었다. 일제강점기에 건설되었던 발전소 대부분이 북한에 치중되어 있었다. 남한은 대부분의 전기에너지를 북한의 발전소에서 보내주는 전력에 의존하고 있었던 까닭에, 남한의 최대 걱정거리는 북한의 단전이었다. 김규식의 장남 김진동에 따르면 김규식은 외국인 기자회견에서 "단전을 하지 않을 것으로 보는가"라는 질문에 그렇다고 답변했다.

또한 "성과가 없을 것으로 보면서도 왜 갔는가"라는 질문에, 김규식은 "가고 안 가고의 문제는 당신네들의 견해와는 다르다. 미국이 처음부터 꼭 독립이 될 줄 알고 워싱턴이 독립전쟁을 일으켰는가. 첫 스텝이 중요한 것이며 결코 헛된 일이었다고는 보지 않는다"고 대답했다. 김규식의 좌우합작 노력과 남북협상을 위한 북행이 현실에 어두운 이상주의자의 행동이 아니라, 통일독립국가 수립, 자유민주주의체제의 남한 단독정부 수립을 향한 단계적이고 현실적인 행보였음을 의미한다. 이는 김규식의 북행과 남북회의 참가를 강력히 주장했던 김순애의 논리이기도 했다.

김순애와 김규식은 실패에 대한 예감과 주위의 만류·걱정을 무릅쓰고 남북회담을 위한 북행을 결정했다. 북측과 통일정부 수립에 대한 합의를 하지는 못했지만, 적어도 북의 김일성에게서 "남으로 보내는 전력을 끊지 않고 또 남침하지 않겠다, 곧 전쟁을 일으키지 않겠다는 약속을 받아온 것으로 소정의 성과를 거두었다, 보람이 있다"고 생각했다. 그러나 곧 환상이 깨졌다. 1948년 8월 대한민국 정부 수립 이후에 북한은 기다렸다는 듯이 단전해버렸고 공산주의 국가와 정부를 세웠다. 1950년 탱크를 앞세우고 남침하여 6·25전쟁을 일으켰다. 결국 북측과 김일성은 김규식에게 했던 두 가지 약속을 하나도 지키지 않았다. 게다가 6·25전쟁 때 김규식은 납치당해 끌려가는 도중에 병사했고, 김순애는 끌려가서 총살당하기 직전에 탈출해 목숨을 건졌다. 김순애·김규식의 통일정부 수립 노력은 아름다웠지만 결론적으로는 성공하지 못했다.

민족진영강화위원회에서 활동하다

대한민국 정부 수립 후 지도자들은 민족진영의 대동단결을 모색했다. 공산주의자들의 공세가 심각한 상황에서 공산주의에 대항하기 위해서는 민족진영이 대동단결해야 한다는 '민족진영 대동단결론'이 여론의 지지를 받았다.

1949년, 민족진영에서는 국내외 정세에 대비하기 위해 대동단결운동을 전개하여 '민족진영강화대책준비위원회'(약칭 민강위)를 조직하기로 했다. 1949년 8월 15일 비공식 회합에서 모종의 결정서를 보게 되리라는 추측이 있었지만, 민족진영강화대책준비위원회의 조직 문제는 아무런 결정을 보지 못했다. 19일에 시내 모처에서 재차 비공식 회합을 가졌는데, 이날 회합에서는 종전의 회합에 비해 다소 각도를 달리해, 기존 단체 이외에 재일 한국인교포까지 범위를 확대해 25일 회합에 참석을 요청했다. 25일 오후 2시부터 시내 모처에서 회합한 결과 협의체의 잠정적 명칭을 '민족진영강화대책위원회'로 하고 준비단체와 위원을 구성했다. 이날 참석한 준비단체는 국민회·한독당·민주국민당·민족자주연맹·조민당·대한국민당·사회당·신진당·신생회·재일한교 10개 단체이며, 명제세·조완구·배은희·원세훈·안재홍·신익희·조소앙·지대형·이윤영·김붕준·백남훈·유동열·최동오·엄항섭·한근조·이활·박열 외 8명이 참석했다. 이 문제는 점차 일반 사회단체에까지 확대될 것으로 예상되었는데, 30일 오후 2시부터 애국장愛國莊에서 제1회 준비위원회를 개최하기로 했다. 김순애는 자주여성동맹 대표로서 민족진영강화대책준비위원회에 초청을 받아 참석했다.

약 2개월 동안 비공식리에 전개되던 민족진영협의체 구성 문제는 1949년 8월 25일의 제10차 비공식 회합을 거쳐 30일 회합에서 궤도에 올랐다. 1949년 8월 19일 회합부터 이 운동이 궤도에 오르게 되기까지 각 당의 동태를 살펴보면 다음과 같다.

민족진영협의체 제8차 비공식 회합은 모종의 결정서가 결정되리라고 추측되어 일반의 다대한 관심을 집중시킨 가운데 8월 15일 시내 모처에서 개최되었는데 이날 회합으로 하등의 성과를 얻지 못했고 19일에 재차 시내 모처에서 회합했다고 하는데 이날 회합에서는 차기 회합을 25일 민주국민당 회의실에서 하기로 정하고 다소 각도를 달리하여 좀 더 확대시킬 목적으로 초청장을 10개 단체에 발송했다. 각계 대표로는 명제세·배은희·이활·백홍균·원세훈·한근조·안재홍·김붕준·지대형·김성수·신익희·백남훈·조완구·신석우·박열·조소앙 16명에게 발송했다.

1949년 8월 25일에는 민주국민당 회의실에서 회합을 개최할 예정이었으나 동당同黨의 사정 때문에 장소를 시내 모처로 이동해 회합했다. 이날 회합에 참석한 단체와 대표는 국민회 명제세·이활, 대한국민당 배은희, 조민당 한근조, 사회당 조시원, 한독당 나재하, 신생회 안재홍, 민족자주연맹 원세훈, 신진당 김붕준, 재일한교 박열이다. 종전과 다른 특징으로는 한독당 대표가 출석했다는 점과 민주국민당이 이날 회합에도 참석하지 않았다는 점이다.

전기前記 대표들이 진지한 토의를 거듭한 결과 잠정적인 명칭을 '민족진영강화대책준비위원회'로 정하고, 제1차 회합을 시내 을지로 3가 애국장에서 개최하기로 결정함과 동시에 각 사회단체에 초청장을 발송했다. 준비위원회에는 동일 참석했던 전기 9단체와 불참석했던 민주국민당을 가입시켰다. 준비위원으로 김규식·원세훈·최동오·윤기섭(민련)·김성수·신익희·지대형·백남훈(민주국민당)·명제세·이활(국민회)·배은희·우덕순(대한국민당)·조완구·엄항섭·나재하·조경한(한독당)·안재홍·박용희·엄우룡(신생회)·조소앙·조시원·백홍균(사회당)·이윤영·한근조(조민당)·김붕준·유동열(신진당)·박열(재일한교, 무순) 27명을 선정했다. 이외에도 대종교 정관, 천도교 이단, 천주교 남상철, 기독교 남궁혁, 불교 김법린, 유교 김창숙, 대한부인회 박순천, 여자국민당 임영신, 자주여성동맹 김순애, 대한노총 전진한·유기태, 대한농총 채규항, 대한노농당 이훈구, 독립노농당 류림에게 초청장을 발송했다.

1949년 8월 20일 오후 2시부터 시내 애국장에서 민족진영강화대책준비위원회의 창립총회가 개최되었다. 이날 회의는 민주국민당·조민당·국민회·한독당을 비롯한 12개 정당·단체 대표자 31명이 출석한 가운데 명제세의 사회로 개막했다. 먼저 총회가 개최되기까지의 경과 보고가 있었고 이어 새로 참가한 신정회 대표 2명을 정식 접수하고 곧 3차에 걸쳐 준비위원회에서 통과된 강령·규약을 재심의했다. 심의에 들어가 강령 제3조에 대해 충분한 토의 끝에 "종파적 관념을 해소함으로써 민족진영 강화를 촉진한다"에서 "정치적 종파 관념을 해소하고 민족진영의 총역량을 강화한다"로 수정했다. 다음 규약 심의에 있어 제1독회를 끝마치고 제2독회에 들어가 자구 수정에 관한 격론 끝에 민주국민당은 즉석에서 정식으로 참가를 보류했다. 그리고 표결에 부친 결과 절대다수로 전문 12조의 규약을 통과시켰다.

강령

1. 대한민국에 충성을 다하고 그 발전을 위하여 최선을 다한다.
2. 대한민국을 부정하는 공산진영은 배제하고 일방 그들의 전향을 촉구한다.
3. 정치적 종파 관념을 해소하고 민족진영의 총역량을 강화한다.

규약

1. 본회는 민족진영강화위원회라 칭하고 국민의 총단결을 목적으로 한다.
2. 본회는 정당 및 사회단체로서 조직한다.
3. 본회는 총회·상무위원회·정치위원회·선전위원회 및 사무국을 둔다.
4. 총회는 각 정당 또는 사회단체의 2인 이상 5인 이하의 대표로서 조직한다(5·6·7·8항 略).

9. 회의는 출석위원 과반수로써 가부를 결정한다(이하 略).

1949년 '대한민국에 대한 충성', '국민의 대동단결', '민족진영의 총역량 강화', '공산진영의 배제'를 표방하며 결성된 민족진영강화위원회에서, 김순애·김규식 부부는 나란히 민족자주연맹 소속으로 민족진영강화대책준비위원회에 참여하여 정치활동을 전개했다. 김규식은 민족진영강화위원회 의장 겸 상무위원, 김순애 역시 민족진영강화위원회 상무위원이었다.

민족진영위원회는 좌익을 제외한 중요 정당과 사회단체를 망라했고, 주요 인물이 대거 포함되었다. 민족진영위원회 참가 세력들은 민족진영의 행동 통일을 내세우는 점에서는 일치했으나, 단체의 성향에 따라서 남북통일의 실현을 앞세우기도 하고, 대한민국의 육성 발전을 강조하기도 했다.

총살장에서
극적으로 탈출하다

1950년 6·25전쟁이 일어났을 때 김순애·김규식은 피난을 가지 못했다. 정부 요인들은 한강을 건너 피난을 갔지만, 김규식에게는 아무런 통지가 없었다. 라디오에서 "공산군은 격퇴되었으니 안심하라"는 이승만 대통령의 담화만 믿고 있다가 아무런 대책을 강구하지 못했다. 서울을 점령한 북한군이 쓰겠다고 하여, 김규식·김순애는 삼청장에서 쫓겨났다. 간신히 김제룡 집 사랑채로 이사했지만, 그곳에도 있을 수 없게 되어 어느 독지가의 호의로 원서동 136 한옥으로 이사했다.

9·28서울수복 직전 김순애와 김규식은 자택에서 북한군에게 체포되어 납치당했다. 9월 7일 당시 서울시 인민위원장 이승엽에게서 서울시청에서 회합이 있으니 모두 모이라는 통지를 받았다. 김규식은 공산당이 자기를 납치해가리라는 것을 예견하고, 피신 준비를 해놓고 장소까지 마련해놓았다. 9월 8(또는 18)일 아침, 원세훈·김붕준·최동오 등 김규

식의 측근들이 삼청장 김규식의 집에 모였다. 김규식은 김순애가 차려준 아침을 먹고 있었다. 이때 공산당 요인들은 김규식과 모여 있던 인사들을 납치하기 위해 두 대의 자동차를 가지고 와서, 평화옹호대회에 참석하도록 모시러왔다고 했다.

김규식과 김순애는 그것이 무엇을 뜻하는지 알아차렸다. 김순애는 김규식의 건강이 몹시 나빠져 몸이 쇠약하고 거동이 불편했던 관계로, 차남 진세가 수행할 것을 제의했다. 22세밖에 되지 않은 아들을 데리고 가서 무엇 하느냐고 하던 중, 신상봉 비서가 자진하여 모시고 가겠다고 나섰다. 김순애는 처자가 있는 사람을 어떻게 데리고 가느냐고 망설였으나, 결국 신상봉 비서가 희생의 길에 오르게 되었다. 김순애의 요청에 따라, 병중인 김규식의 시중을 들기 위해서는 신상봉 비서가 따라가야 한다고 하여, 차에 타고 있던 송남헌이 내리고 신상봉이 타게 되었다. 김규식과 동지들은 간발의 차이로 피신할 기회를 놓치고 납치당했다. 납치된 요인들은 미아리에 집결하여 집단적으로 납북되었다. 신상봉 비서는 김규식의 옷과 항시 복용하던 약을 가지러 집에 다시 들러 미아리에 많은 요인들이 집결해 있다는 소식을 전해주었다.

김규식과 비서 신상봉은 끝내 북으로 끌려갔다. 김순애는 총살장으로 끌려가던 중 극적으로 탈출해 제주도로 피신했다. 김규식과 김순애가 북한군에 끌려갔을 당시 집에 함께 살고 있던 김순애의 조카들(김필례가 미국에 가면서 맡기고 간 아이들을 돌보고 있었다)은 하수도 구멍으로 들어가 며칠 동안 숨어 지내다 구사일생으로 목숨을 건졌다. 이후 이 아이들은 대구까지 걸어 내려가서 미군 부대에서 일하고 있다가 김필례와 만났다.

1950년 9월 북한군에게 납치된 김규식은 1950년 11월 만·한 국경선 압록강변 만포진으로 가는 길에 외귀부락의 한 농가에서 서거했다. 김규식을 비롯해 납북된 인사들은 강계에서 얼마 떨어진 약수동 일대의 농가에 수용되었는데 대부분 병이 나서 고통을 받았다. 김규식은 심장의 천식으로 중태에 빠져, 강계에 주둔하고 있던 야전병원에서 달려온 군의에게 진찰을 받았다. 농가에는 김규식·조소앙·엄항섭·윤기섭·조완구·원세훈·최동오 등 임시정부 요인과 독립운동가, 독립투사 박열·안재홍, 여류 인사 박승호 등이 함께 수용되어 있었다. 11월 18일 이들은 만포로 이동하기 시작했는데 약 100리 떨어진 외귀부락에 도착했을 때 김규식의 상태가 너무 위독해 일단 농가에 머물렀다.

　　이곳에서 김규식은 심한 천식으로 자리에 눕지도 못하고 사흘 동안 꼬박 앉은 채 부인 김순애를 애타게 그리다가, 신상봉 비서가 지켜보는 가운데 숨을 거두었다. 이 소식을 듣고 만포에 있던 부수상 홍명희, 조통 대표 홍중식 외 구재수·김원봉·성주식 등이 현지에 와서 김규식장의 위원회를 조직하고, 납북인사 100여 명이 참석한 가운데 장례를 거행했다. 김규식은 외귀에서 10여 리 떨어진 산골짜기에 안장되었고, 휴전 후 평양 근교로 이장되었다. 어떤 기자가 평양으로 이장된 김규식 묘를 사진 찍어, 아들 김진동에게 전달했다. 김순애도 이 사진을 보고 남편 김규식이 세상을 떠났다는 사실을 알게 되었을 것이다. 또는 김진동이 어머니의 충격과 슬픔을 우려하여, 김규식의 묘소 사진과 사망 사실을 말하지 않았을 수도 있다. 김순애는 6·25전쟁 때 북한군의 체포와 납치로 남편 김규식과 강제로 헤어진 뒤, 그 길로 영원히 남편과 작별해야 했다.

딸 김우애를 만나러
미국에 가다

서울이 국군에게 수복된 이후, 김순애는 차남 진세와 함께 지냈다. 새문
안교회에 다니며 깊은 신앙심으로 남편과의 생이별과 상실의 고통을 위
로받았다. 1960년 12월 8일자 『경향신문』에 김순애의 사진과 함께 「모
친 여권 내주오」라는 제목의 기사가 게재되었다. 김순애의 아들 김진세
는 장면 국무총리, 백 참의원 의장, 곽 민의원 의장 앞으로 각각 진정서
를 제출했다. 진정서에서 "과거 이승만 정권하에서는 엄두도 못 내던 일
을 제2공화국이 탄생함으로 비로소 계획하게 된 것"이라는 전제하에 "혈
육의 정에 못 이겨 미국에서 공부하고 있는 딸 김우애(당시 36세)를 만나
러 도미" 수속을 밟고 있는 어머니 김순애(당시 73세)에게 하루 속히 미국
에 갈 수 있는 기회를 달라고 호소했다. 일반인의 경우 1개월 정도 걸리
는 여권 수속이 김순애의 경우 2개월이 지나도록 아무런 진전이 없다는
것이었다.

「모친여권 내주오」(『경향신문』 1960년 12월 8일자)

이유는 신원조회에서 김순애가 6·25전쟁 당시 북한군의 군사원호사
업위원회 위원으로 부역한 사실이 있다고 나왔기 때문이었다. 이에 김
순애는 전혀 그런 일이 없었다고 주장하며 사실을 규명해달라고 진정했
다. 이 사건에 대해 동아일보사는 "김규식이 6·25전쟁 때 북한으로 납
치되어 생사가 불분명한 상황에서, 김규식의 가족이 부역자 취급을 당
하며 여권 발급이 거부되고 있다"고 보도했다. 그리고 김순애의 아들 김
진세의 말을 인용해 "김순애는 북한군 군사원호사업위원회 위원으로 복
무한 사실이 없을 뿐 아니라 김순애에게 애국자 취급은 못 해주더라도
역적 취급을 한다는 것은 억울한 일"이라고 보도했다.

임시정부 귀국 제1진 사진 뒷줄 왼쪽이 김규식, 앞줄 왼쪽이 딸 김우애다.

이승만 정부의 방송만 믿고 있다가 미처 피난가지 못하고 인민위원회 치하의 서울에 남아 있었던 김규식은 저들의 요구에 따라 단체 활동을 위해 인민군 (군사사업) 원호위원회 위원장을 했는데 이것이 문제가 된 것이었다. 우여곡절 끝에 김순애는 여권을 발급받아 딸을 만나기 위해 1960년 12월 23일 서북항공편으로 도미했다. 1960년 12월 말 미국에 건너간 김순애는 1962년 8월 현재 미국 체류 중으로 2년 가까이 미국에 머무르고 있었다. 딸 김우애는 미국 웨슬리대학교와 미시간대학교에서 화학을 전공했고, 한국인 최초로 미국예일대학교 교수를 역임했다. 김우애는 미국에서 화학을 연구한 후 장성은과 결혼했으며, 1974년 현재 예일대학교 연구소에 근무하고 있었다.

여성 독립운동가의
삶과 공적을 기리며

3·1절을 기념해 김순애를 비롯해 양한나·이재명 등 5명의 독립운동가들은 1968년 2월 28일 중앙여중·고가 시민회관 대강당에 마련한 '삼일운동 선도자 찬하회'에서 감사장을 받았다.

1969년 이화여자대학교 정충량·이효재 교수는 공동으로 '한국여성단체활동에 관한 연구'를 진행하며 24개 여성단체를 분석했다. 이때 김순애는 정충량 교수의 인터뷰에 응해 상하이 임시정부 때부터 독립운동에 헌신했고 생존해 있는 지도자로서 자신의 경험과 견해를 술회했다.

1972년 김순애는 6·25전쟁 때 김규식이 납북되고 9·28서울수복 이후, 서울 신당동에 있는 차남 김진세의 집에 거주하고 있었다. 김진세가 미국으로 건너간 이후에는 큰 손자 김건필과 함께 지냈다. 1976년 5월 17일, 김순애는 장손인 김건필(김진동의 아들)의 집(서울 서대문구 진관외동 175-85 기자촌 323호, 당시 주소)에서 세상을 떠났다. 향년 88세였다. 당시

6월의 독립운동가에 金淳愛여사 선정

국가보훈처는 30일 「6월의 독립운동가」에 상해 임시정부의 대한 애국부인회장 등을 지낸 여성독립운동가 金淳愛(김순애·1889~1976·사진)여사를 광복회 독립기념관과 공동으로 선정했다. 황해도 장연군에서 태어난 김 여사는 임정 외무총장 등을 지낸 金奎植(김규식)선생과 1919년 결혼한 뒤 대한애국부인회를 결성, 독립운동 자금을 모금했다.

김여사는 해방 이듬해인 46년부터 62년까지 모교인 정신여중고 재단이사장으로 있으면서 여성교육에 헌신했다. 김여사는 이같은 공로로 지난 77년 정부로부터 건국훈장 독립장을 추서받았다. 黃有成기자

1997년 6월의 독립운동가 선정 기사(『동아일보』 1997년 5월 31일자)

큰 아들 김진동은 자유중국 정부 공보 및 자유중국『차이나 타임즈』주필로 근무 중이었고 차남 김진세와 딸 김우애는 미국에 머무르고 있어서, 어머니의 임종을 지키지 못했다.

1977년 대한민국 정부는 김순애의 공적을 기리어 '건국훈장 독립장'을 추서했다. 1997년 6월 국가보훈처는 김순애를 '이달의 독립운동가'로 선정했다. 이를 기념해 1997년 6월 1일 3·1운동기념사업회 이원범 이사장은 종로 탑골공원에서 '김순애 선생과 여성독립운동'이라는 주제로 강연을 했다.

김순애는 일제강점기 해외 독립운동, 해방 후 정계에서 활동했던 대표적인 여성 인물이다. 중국으로 건너가서 독립운동가 김규식과 만나고 부부의 인연을 맺으면서 본격적으로 독립운동에 뛰어들었다. 신한청년당 당원으로서 국내에 잠입하여 전 민족적인 만세시위의 필요성을 역설하며 3·1운동을 촉구했다.

3·1운동의 영향으로 상하이에서 대한민국임시정부가 수립되었는데, 임시정부를 지지하고 후원하는 산하 단체로 '대한애국부인회'를 결성하고 이끌었다. 여성 독립운동계의 대모였으며 상하이 교포사회에서 중심적인 역할을 수행했다. 충칭 대한민국임시정부에 합류하여 충칭으로 거주지를 옮긴 이후에는 1943년 한국애국부인회를 재건하여 교포사회를 통합하고 여성 독립운동계를 이끌었다.

해방 이후 통일정부 수립, 좌우합작, 중도주의 노선을 취했던 김규식을 지지하며 정치활동을 전개했다. 좌우합작위원회의 발족을 계기로 결성된 '민중동맹'의 의사단으로 활동했고, '민족자주연맹' 정치위원과 '여성자주동맹' 고문을 역임하며, 해방 후 정국에서 중간파 정치세력으로 활동했다.

북한의 김일성에게 정치적으로 이용당할까 우려하여 방북을 자제하던 김규식을 격려하여 북행을 단행하도록 하는 데 결정적인 역할을 했다. 김순애는 최후까지 희망을 버리지 않고 민족의 화합과 통일정부 수립을 열망하며, 최악의 경우 남편의 희생까지도 각오하고 김규식의 '북행'을 관철시켰다. 그러나 김순애의 꿈은 김일성에 의한 북한 정권 수립, 북한군의 남침과 6·25전쟁을 겪으며 산산이 부서졌다. 눈부시게 찬란했지만 허망한 꿈이었다.

북한군은 김순애·김규식 부부를 전쟁포로처럼 강제로 연행해 납치했다. 김순애는 총살 직전 가까스로 탈출하여 목숨을 부지했지만, 김규식은 납북되는 과정에서 건강을 잃고 최후를 맞이했다. 이상과 현실의 간극에도 불구하고 주어진 현실에서 최선을 다했던 그녀는 일제강점기 독립지사, 해방 후 정치가였다.

1889	5월 12일. 황해도 장연군 대구면 송천리에서 아버지 김성섬, 어머니 안성은 사이에서 출생함
1901	연동여학교(정신여학교 전신)에 입학함
1909	6월. 정신여학교 제3회 졸업생으로 졸업함
1909 · 1911	부산 초량소학교 교사로 재임함
1911	12월. 오빠 김필순과 함께 만주로 망명함
1915	9월 중국 상하이로 감
1918	언니 김구례와 형부 서병호가 있는 난징으로 감. 명덕여자학원 입학. 김규식과 약혼함
1919	1월. 난징에서 김규식과 결혼함. 상하이에서 신한청년당에 입당함
	2월. 신한청년당 간부로서 국내 잠입하여 만세운동을 촉구함. 헤이룽장성에 있는 오빠 김필순의 집을 거쳐 상하이로 귀환함
	4월. 상하이에서 대한애국부인회를 조직하고 회장 및 집사장을 맡음
	7월. 이희경 · 김성겸 · 서병호 · 여운형 등과 함께 대한적십자회를 재건함. 대한적십자회 사검(임원)을 맡음.
1920	1월. 대한적십자회 부설 간호원양성소를 설립함. 손정도 · 김철 · 김립 · 윤현진 · 김구 등과 함께 대한독립의용단을 조직함
	3월 8일~4월 3일. 상하이 각 남녀 학교에서 한 · 중 문제에

관해 연설함

9월 30일. 대한인거류민단 의원으로 선출됨

인성학교 유지원

1921	상하이재류동포교회 집사를 맡음
1922	4월 20일. 국민대표회기성회 위원으로 선출됨
1923	1월~5월. 국민대표회에 참가함. 임시정부 해체와 재조직을 촉구함
	장녀 한애韓愛를 출산함
1924	차녀 만애晩愛를 출산함
1925	삼녀 우애尤愛를 출산함
	톈진으로 이사하여 베이양대학北洋大學 구내 사택에 거주함 (김규식이 베이양대학 교수로 재직함)
1927	차녀 만애(4세)가 병사함
1928	아들 진세鎭世를 출산함
1930	장녀 한애(8세)가 사망함
1926	7월. 대한민국임시정부 경제후원회 위원을 맡음
1932·1934	난징으로 이사함. 한국독립당 산하 한인여자청년동맹 집행위원을 맡음
1935	쓰촨성 청두로 이사함(김규식은 쓰촨대학 교수로 재직함)
1941	조선민족혁명당 중앙위원, 감찰위원을 맡음
1943	1월. 충칭으로 이사함
1943	1월. 충칭에서 한국애국부인회를 재건하고 주석을 맡음
	5월. 한국애국부인회 대표로 재중국 자유한국인대회에 참가함
	대한민국임시정부 생계부 생활위원을 맡음
1944	대한민국임시정부 회계 검사원 조리원助理員을 맡음

	6월. 기독교한교복리촉진주비籌備위원회 위원을 맡음
1945	11월. 대한민국임시정부 요인들과 함께 귀국함. 삼청장(서울 종로구 삼청동 145－6, 현재 국무총리 공관)에 거주함
1947	1월. 민중동맹 의사단을 맡음
	정신(정신여자중고등학교)재단 이사장을 맡음
	12월. 민족자주연맹 정치위원, 자주여성동맹 고문으로 좌우 합작운동에 참여함
1948	통일독립국가·남북통일정부 수립을 위해 김규식의 북행과 남북요인회담을 적극 지지함
1949	민족진영강화대책준비위원회, 민족진영강화위원회 상무위 원을 맡음
1950	6·25전쟁 중 서울 자택에서 공산당 요인(또는 북한군)에게 납치되어 총살장으로 끌려가던 도중 탈출함. 김규식은 납북 되어 끌려가던 길에 평북 강계 만포 인근 마을에서 사망함
1960	12월. 유학 간 딸 김우애를 만나러 미국에 방문함
1976	5월 17일. 장손 김건필(김진동의 아들) 집(당시 주소는 서울 서대 문구 진관외동 175－85 기자촌 323호)에서 향년 88세로 별세함
1977	건국훈장 독립장에 추서됨
	6월의 독립운동가로 선정됨

• 『경향신문』, 『동아일보』, 『신한민보』, 『조선일보』.

• 국가보훈처 공훈심사과 채순희 사무관 제공 인터넷 자료.

• 『대한민국임시정부 자료집』 6.

• 『독립유공자증언자료집』 1, 2.

• 『이 달의 독립운동가 : 다시 새기는 그 충절』 11, 국가보훈처, 1997.

• 『중경 대한민국임시정부 청사 복원 보고서』, 독립기념관, 1996.

• 강영심, 「김순애(1889~1976)의 생애와 독립운동」, 『한국근현대사연구』 63, 2012.

• 국가보훈처, 『大韓民國 獨立有功者 功勳錄』 第5卷, 國家報勳處, 1988.

• 김구, 도진순 주해, 『백범일지』, 돌베개, 2005.

• 김성은, 「대한민국임시정부와 여성들의 독립운동: 1932~1945」, 『역사와 경계』 68, 2008.

• _____, 「중경임시정부시기 중경한인교포사회의 생활상」, 『역사와 경계』 70, 2009.

• _____, 「최선화의 중국망명생활과 독립운동: 『제시의 일기』를 중심으로」, 『숭실사학』 31, 2013.

• 김순애, 「부인의 자립」, 『새살림』, 軍政廳 保健厚生部 婦女局, 1947.1.

• 김영란, 『조국과 여성을 비춘 불멸의 별 김마리아』, 북산책, 2012.

• 김주용·오대록, 『중국 동북·상해지역 한국독립운동의 사적 조사와 과제』, 2016.

- 김준엽, 『장정 2: 나의광복군 시절』, 나남, 1989.
- 김희곤, 『대한민국임시정부 연구』, 지식산업사, 2004
- _____, 『대한민국임시정부의 좌우합작운동』, 한울, 1995.
- _____, 『한국독립운동단체연구』, 지식산업사, 1995.
- 남파박찬익전기간행위원회, 『남파 박찬익 전기』, 을유문화사, 1989.
- 박영준, 『한강물 다시 흐르고: 박영준 자서전』, 한국독립유공자협회, 2005.
- 박용옥, 「김순애: 중국어·영어에 능통한 외교관」『한국역사 속의 여성인물』 하, 한국여성개발원, 1998.
- _____, 『김마리아: 나는 대한의 독립과 결혼하였다』, 홍성사, 2015.
- 석원화·김준엽, 『신규식·민필호와 한중관계』, 나남, 2003.
- 손과지, 『상해한인사회사』, 한울, 2001.
- 송남헌 외 지음, 우사연구회 엮음, 「김순애」, 『몸으로 쓴 통일독립운동사: 우사 김규식 생애와 사상』, 한울, 2000.
- 송남헌, 『몸으로 쓴 통일독립운동사(우사김규식 생애와 사상 3)』, 한울, 2000.
- 신정완, 『해공, 그리고 아버지』, 성진사, 1981.
- 신창현, 『해공 신익희 선생 약전』, 1976.
- _____, 『해공 신익희』, 해공신익희선생기념회, 1992.
- 심민화 외, 『대한민국 임시정부 이전지 현황』, 범우사, 2001.
- 양우조·최선화, 『제시의 일기: 어느 독립운동가 부부의 8년간의 일기』, 혜윰, 1999.
- 이기서, 『교육의 길 신앙의 길(김필례 그 사랑과 실천)』, 북산책, 2012.
- 이배용, 「중국 상해 대한애국부인회와 여성독립운동」, 『이화사학연구』 30, 2003.
- 이재인, 「上海서 潛入한 金順愛女史: 一九一九年 三月〈大邱〉」, 『新東亞』 7, 1965.3.

- 이준식, 「대한민국임시정부와 여성 독립운동」, 『한국민족운동사연구』 61, 2009.
- 장석흥, 『차리석 평전』, 역사공간, 2005.
- 장준하, 『돌베개』, 세계사, 1992.
- 정정화, 『여자독립군 정정화의 낮은 목소리, 녹두꽃』, 미완, 1987.
- 조경한, 『백강 회고록』, 한국종교협의회, 1979.
- 조덕천, 「3상해시기[실은 상해시기] 大韓民國 臨時政府 구성원의 生活史 연구」, 『백범과 민족운동연구』 8, 2010.
- ____, 「상해 시기(1919~1932) 대한민국임시정부 구성원의 생활사 연구: 의식주생활을 중심으로」, 안동대학교 석사학위논문, 2010.
- 지복영, 『역사의 수레를 끌고 밀며: 항일무장독립운동과 백산 지청천 장군』, 문학과 지성사, 1995.
- 황묘희, 『중경 대한민국임시정부사』, 경인문화사, 2002.

통일국가 수립을 위해 분투한 독립운동가 김순애

1판 1쇄 인쇄 2018년 12월 13일
1판 1쇄 발행 2018년 12월 24일

글쓴이   김성은
기 획   독립기념관 한국독립운동사연구소
펴낸이   이준식
펴낸곳   역사공간
          주소: 03996 서울특별시 마포구 월드컵로100 한산빌딩 4층
          전화: 02-725-8806
          팩스: 02-725-8801
          E-mail: jhs8807@hanmail.net
          등록: 2003년 7월 22일 제6-510호

ISBN 979-11-5707-175-3 03900

역사공간이 펴내는 '한국의 독립운동가들'

독립기념관은 독립운동사 대중화를 위해 향후 10년간 100명의 독립운동가를 선정하여,
그들의 삶과 자취를 조명하는 열전을 기획하고 있다.